로봇 두기가 들려준
세상 가장 소중한 가치

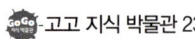

고고 지식 박물관 23

로봇 두기가 들려준
세상 가장 소중한 가치
글 유혜정 | 그림 곽재연

초판 1쇄 펴낸날 2007년 9월 10일 | **초판 9쇄 펴낸날** 2018년 5월 15일
펴낸이 최만영 | **편집장** 한해숙 | **기획** 우리누리 | **편집** 최현정 | **디자인** 최성수, 이이환
마케팅 박영준 | **경영지원** 김효순 | **제작** 강명주, 박지훈
펴낸곳 (주)한솔수북 | **출판 등록** 제2013-000276호 | **주소** 03996 서울시 마포구 월드컵로 96 영훈빌딩 5층
전화 02-2001-5822(편집), 02-2001-5828(영업) | **전송** 02-2060-0108
전자우편 isoobook@eduhansol.co.kr | **북카페** cafe.naver.com/soobook | **페이스북** www.facebook.com/soobook2
ISBN 978-89-535-4023-1 74030 | **ISBN** 978-89-535-3408-7 (세트)

ⓒ2007 우리누리·(주)한솔수북
※저작권법으로 보호받는 저작물이므로 저작권자의 서명 동의 없이 다른 곳에 옮겨 싣거나 베껴 쓸 수 없으며 전산장치에 저장할 수 없습니다.
※값은 뒤표지에 있습니다.

어린이제품안전특별법에 의한 제품 표시
품명 아동 도서 | **사용연령** 만 8세 이상 어린이 제품 | **제조국** 대한민국 | **제조자명** ㈜한솔수북 | **제조년월** 2018년 5월

한솔수북의 모든 책은 아이의 눈, 엄마의 마음으로 만듭니다.

로봇 두기가 들려준
세상 가장 소중한 가치

GoGo 지식 박물관

마음속 소중한 가치

'이 세상에서 우리가 잃어버리지 말아야 할 가치는 무엇이 있을까?'
살아가면서 나를 행복하게 했던 낱말들이 떠올랐어요.

오래도록 좋은 친구와 함께 지낼 수 있는 것 – 우정.
나를 사랑해 주는 부모님이 계신 것 – 효도.
좋아하는 사람을 만나서 마음에 기쁨이 차오르는 것 – 사랑.
그밖에도 감사, 믿음, 배려, 예의와 같은 사람과 사람 사이에 오가는 따뜻한 마음들이 우리를 얼마나 행복하게 해 주는지 새롭게 깨닫게 되었지요.

하지만 어른이 되어 생각해 보니 꼭 듣기에 아름다운 낱말들만 우리 삶을 가치 있게 만드는 건 아니라는 걸 알았답니다.
두렵지만 혼자 여행을 떠났을 때 – 용기.
아프지만 꾹 참아냈을 때 – 인내.
힘들지만 내가 맡은 일을 감당해 냈을 때 – 책임.
그럴 때 찾아오는 보람과 감동도 아주 크지요. 사람들은 알아주지 않아도 나 스스로 잘 해냈다고 칭찬해 주고 싶을 때가 있는 법이거든요.

　마지막으로, 말만 들어도 어둡게 느껴지는 실패, 슬픔, 이런 것들이 주는 가치도 꼭 말하고 싶었어요. 지금 당장은 나를 힘들게 하지만 실패나 고통, 슬픔이 꼭 나쁜 것만은 아니더라고요. 이런 가치들은 우리를 더욱 성장하게 하고, 훨씬 괜찮은 어른으로 자랄 수 있도록 도와준답니다.

　가치는 정해져 있는 것이 아니라 내가 그 가치를 인정하고 느낄 때라야 제대로 값어치를 발휘해요. 사랑을 믿지 않는 사람들이 사랑의 고귀함과 아름다움을 알 수 없듯이, 세상의 가치는 자신이 부여한 만큼 내 마음 안에서 자라는 법이거든요.

　이 책에서는 다하지 못한 훌륭한 가치들도 많이 있어요. 나머지는 여러분이 이 책에 나오는 두나, 두기와 함께 더 고민하면서 찾아 나가 보세요.
　'내가 살아가면서 꼭 지켜야 할 가치는 무엇이 있을까?' 하고 말이에요.
　말 안 듣는 아이를 도와주는 로봇 두기가 멋진 생각을 심어 줄지도 몰라요. 두기는 미래에서 온 로봇이니 미래로 훌쩍 떠나기 전에 찾아야겠지요?

글쓴이 유혜정

머리말...04

가치를 찾는 사람들...08

어느 일요일...10

월요일 대화·감사·이름

세상엔 나 혼자가 아니야...16

화요일 자신감·겸손·행복

나를 멋있게 만드는 건...36

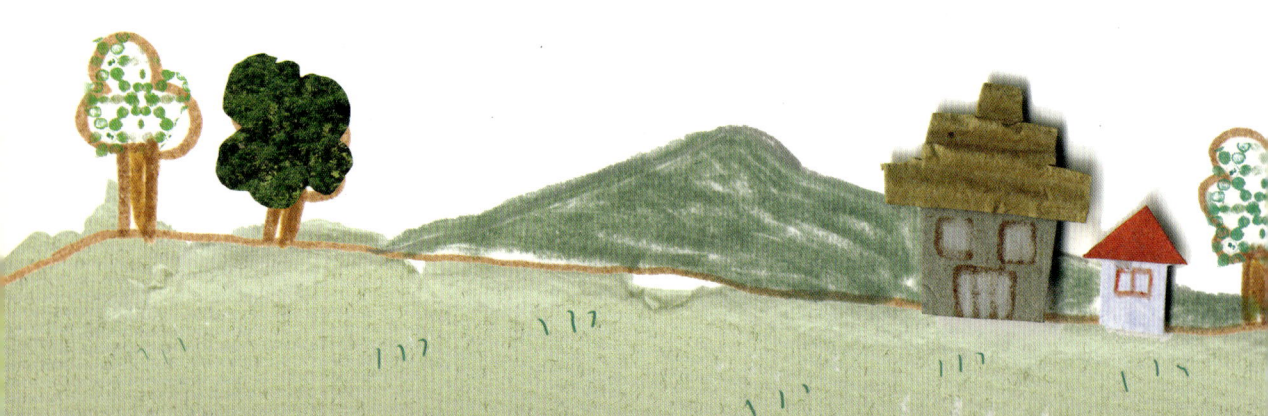

수요일 배려·예의·믿음
사람과 사람 사이...56

목요일 용기·인내·책임·실패
건강한 삶을 살려면 꼭 있어야 해!...72

금요일 슬픔·인내·희망
나쁜 삶은 없어!...89

토요일 우정·효도·사랑
세상을 아름답게 하는 건...101

다시 일요일...114

쉽게 풀어 쓴 가치 용어...117

가치를 찾는 사람들

나두나

초등학교 3학년. 공부도, 노는 것도 모두 눈에 띌 만큼 잘하지는 못해요. 혼자 장난감 조립하고 게임하는 걸 좋아해요. 그래서 친구가 거의 없어요. 그건 두나가 스스로 만든 것일지도 몰라요. 두나는 혼자 있는 걸 좋아하고, 다른 친구들보다 자기가 세상을 아주 많이 안다고 생각하거든요.

두기

미래에서 온 로봇. 말 안 듣는 아이를 도와주는 로봇이지요. 사람처럼 지능이 있어서 얼마든지 대화도 나눌 수 있어요. 어느 날 갑자기 미래에서 잘못 배달되는 바람에 어린 두나를 만나게 돼요. 두기는 이런 두나 곁에서 든든한 친구가 되어 주지요.

고슴도치 할머니

책 읽기를 좋아하고, 나이 들어서도 일하는 걸 좋아하는 두나 동네 할머니예요. 겨울만 되면 털이 삐죽삐죽 튀어나온 희한한 옷을 자주 입어서 고슴도치 할머니예요. 두나 집에는 한 주에 두 번 집안일을 도와주러 가요. 두나가 조금씩 닫힌 마음을 여는 데 도움을 줄 만큼 할머니는 세상을 살아온 지혜가 많아요.

두나 엄마

건축 인테리어 일을 해요. 두나 엄마는 하루도 쉴 틈이 없을 만큼 아주 바빠요. 요즘은 두나 때문에 조금 걱정이에요. 두나가 말수도 적어지고, 점점 버릇이 없어지는 것 같아서요. 그래서 일부러 두나를 더 엄하게 키우고 있어요.

기계 고치는 아저씨

두나네 집 가까이에서 무엇이든 고치는 가게를 하고 있어요. 장난감에서부터 희귀한 로봇까지 못 고치는 것이 없다고 소문이 쫙 났답니다. 하지만 아저씨는 두기만큼은 못 고쳐요. 이런 로봇은 거의 처음 보는 거니까요.

'이야, 일요일이다!'

두나는 눈을 뜨자마자 소리를 질렀어요. 오늘은 두나가 가장 좋아하는 일요일, 게다가 무서운 엄마는 집에 없어요. 두나는 하루 종일 컴퓨터 게임을 하며 놀 생각에 히죽히죽 웃었어요. 이제 앞으로 두나는 한 주 동안 마음대로 할 수 있어요. 정말 오랜만에 찾아온 멋진 기회였지요.

똑똑한 엄마는 지방에 일하러 내려갔어요. 그곳에 있는 아주 큰 건물의 인테리어를 맡은 엄마는 지금 정신없이 바빠요. 혼자 있는 걸 좋아하는 두나는 정말 제 세상을 만난 듯 마음이 두근거렸어요. 조금 뒤, 뭐든 마음대로 할 생각에 들떴던 두나는 일 분도 안 되어 가라앉고 말았어요.

'아, 배고파.'

두나 배 속에서 꼬르륵 소리가 들렸어요. 당장이라도 무얼 안 먹으면 쓰러질 것만 같았지요. 그때 '띠리릭' 휴대전화에 문자가 왔다는 벨 소리가 들렸어요. 엄마가 보낸 문자였어요. 두나는 시큰둥한 얼굴로 휴대전화를 닫았어요.

'쳇, 내가 뭘 먹는지 마음에도 없으면서…….'

냉장고 문을 열어 봐도 뭐 하나 먹을 게 없었어요.

'엄마는 도대체 뭐 하는 사람이야?'

처음부터 엄마가 이런 건 아니에요. 처음 출장을 갈 땐 두나가 좋아하는 반찬을 잔뜩 만들어 냉장고에 넣어 놓곤 했는데, 이제 엄마는 그런 정성도 안 보여요.

'엄마는 이제 나를 안 사랑하거나, 아니면 정말 바쁘거나 둘 가운데 하나야.'

아무튼 어떤 것도 마음에 안 들었어요. 두나는 전화를 걸어 통닭 한 마리를 배달시켰어요. 그리고 텔레비전을 아주 크게 틀어 놓았어요. 어느새 눈이 슬그머니 감겼어요. 너무 배가 고파 푹신한 의자에 기대어 있다 보니 깜박 잠이 들어버린 거예요. 시간이 얼마나 흐른 걸까요?

"딩동!"

대문 벨소리에 두나는 화들짝 깼어요.

'아, 통닭이다!'

고소한 통닭 냄새가 코끝에 확 끼쳤어요. 두나는 침을 한 번 꼴깍

삼키고는 얼른 달려가 문을 열었어요.

"여기가 나두나 씨 댁인가요?"

'나두나 씨?'

아저씨는 두나를 어른 부르듯이 불렀어요. 두나는 기분이 정말 이상했어요.

"네, 맞아요."

"여기 주문하신 택배입니다."

"택배라고요? 난 통닭을 시켰는데……."

두나는 택배 회사에서 갖고 온 상자를 내려다보았어요. 상자는 제법 컸어요. 상자 위에는 틀림없이 받는 사람 이름 칸에 '나두나'라고 적혀 있었어요. 두나는 엉겁결에 상자를 받아 들었어요.

'엄마가 깜짝 선물로 보낸 걸까? 맞아. 괜히 나 혼자 있게 해서 미안하니까……, 자주 있는 일인데 엄마도 참. 아무튼 신 난다. 헤헤.'

두나는 상자를 꼼꼼히 읽어 보고서 고개를 갸우뚱거렸어요. 물건을 신청한 주문자의 이름에도 두나 이름이 적혀 있는 거예요. 두나는 조심스럽게 상자를 뜯었어요. 안에 들어 있는 주문서를 보고는 깜짝 놀랐어요. 주문서에는 틀림없이 주문 날짜가 2040년 6월이라고 적혀 있었어요.

'2040년이라고? 지금은 2007년인데 말이 안 되잖아. 누가 실수로 잘못 적은 걸까?'

두나의 머릿속은 뒤죽박죽이 되었어요. 게다가 안에 싸인 물건은 더욱 깜짝 놀랄 만했어요. 한 번도 본 적이 없는 조립식 로봇이 들어 있는 거예요. 게다가 사용 설명서에는 이렇게 적혀 있었어요.

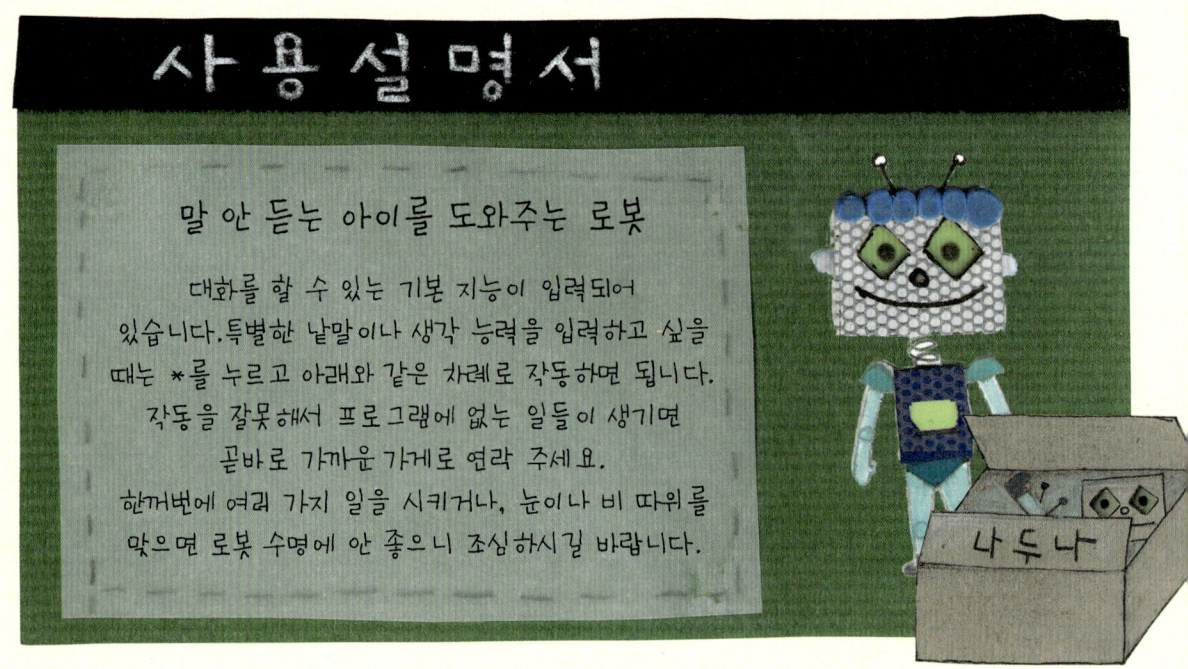

사용설명서

말 안 듣는 아이를 도와주는 로봇

대화를 할 수 있는 기본 지능이 입력되어 있습니다. 특별한 낱말이나 생각 능력을 입력하고 싶을 때는 *를 누르고 아래와 같은 차례로 작동하면 됩니다.
작동을 잘못해서 프로그램에 없는 일들이 생기면 곧바로 가까운 가게로 연락 주세요.
한꺼번에 여러 가지 일을 시키거나, 눈이나 비 따위를 맞으면 로봇 수명에 안 좋으니 조심하시길 바랍니다.

두나는 꺼림칙한 마음에 로봇을 구석에 팽개쳐 두었어요. '말 안 듣는 아이를 도와주는 로봇'이라니. '말 안 듣는 아이'가 마치 두나 자기를 가리키는 것 같아 마음이 상했지요. 게다가 두나는 이런 로봇이 있다는 이야기를 들어본 적도 없어요. 장난감 조립을 좋아하는 두나는 손이 근질근질거렸어요. 하지만 꾹 참았어요. 갑자기 택배 아저씨가 나타나 다시 로봇을 가져갈 것만 같았거든요.

"아, 몰라 몰라 몰라."

두나는 그냥 컴퓨터 게임을 하며 시간을 보냈어요.

월요일 대화·감사·이름

세상엔 나 혼자가 아니야

대화 오늘부터 겨울 방학이에요. 방학 첫날. 두나는 바깥을 내다보았어요. 하늘은 잔뜩 흐리고 마을은 온통 시커먼 공기에 휩싸였어요. 두나는 집 안에 있는 어항을 들여다보았어요. 물고기 두 마리가 춤을 추는 듯했어요. 물고기를 키우고 싶어 한 달 전부터 엄마를 조르고 졸라 산 거예요. 엄마는 처음에 물고기 키우는 걸 반대했어요. 엄마가 출장을 자주 가기 때문에 마음 써서 키울 수가 없을 거라고 말하면서요.

"두나야, 물고기는 키우기가 까다로워. 정말 네가 정성을 다해 키울 자신이 없다면 처음부터 안 키우는 게 좋아. 엄마는 어쩐지 네가 사다 놓고 마음 안 쓸까 봐 걱정인걸?"

엄마는 마음속으로 걱정을 많이 했어요. 두나는 엄마가 그러면 그럴수록 더욱 졸랐지요. 잘 키울 자신이 있었거든요.

"내가 얼마나 잘 키우는데……."

두나는 혼잣말을 하며 물고기한테 밥을 주었어요. 혼자 있으니 시간이 너무 안 갔어요. 심심해서 견딜 수가 없었죠. 두나는 문득 구석에 놓아 둔 로봇이 떠올랐어요.

'심심한데 조립이나 해 볼까? 날도 어두운데 혼자 있으니까 무섭기도 하고.'

두나는 조립 설명서를 읽으며 빠르게 로봇을 만들었어요. 조립은 그다지 안 어려웠어요. 큰 몸체를 붙이고 버튼 몇 개만 누르면 끝이었어요.

"흠, 난 조립의 여왕이야!"

직사각형 덩어리에 팔과 다리, 두나 머리만 한 로봇 머리가 붙자 정말 영화에서나 보던 로봇이 뚝딱 만들어졌어요. 몸에는 텔레비전처럼 작은 화면이 붙어 있었어요. 머리에는 안테나처럼 귀여운 뿔이 두 개나 있었고요. 팔다리는 관절 인형처럼 작은 조각들로 이어져 훨씬 부드럽게 움직일 수 있게 만들어졌어요. 게다가 왼쪽 팔뚝에는 물건에 붙어 있는 바코드 무늬가 있었어요. 발은 마치 신발을 신은 것처럼 보였지요. 로봇을 켜고 끄는 전원은 엉덩이 쪽에 붙어 있었어요. 두나는 키득키득 웃었어요. 괜히 로봇 엉덩이를 누른다고 생각하니 갑자기 웃음이 터져 나온 거예요. 두나는 정말 사람 같은 로봇을 보니 잔뜩 긴장이 되었어요.

'이 전원 버튼을 누르면 로봇은 어떻게 될까?'

말도 안 되는 이야기지만, 설명서에는 틀림없이 버튼을 누르면 사람 말을 알아듣는다고 되어 있었어요. 정말 인공 지능 로봇이 움직일지, 두나는 콩닥콩닥 뛰는 가슴을 누르고 천천히 빨간 전원 단추를 눌렀어요.

마침내 로봇에 불이 들어왔어요. 로봇 눈과 가슴에 초록빛 불이 들어온 거예요. 로봇은 몸을 풀 듯이 온몸을 한 번 자연스럽게 움직이더니 가만히 있었어요. 두나는 천천히 말을 걸어 보았어요.

넌 도대체 누구야?
내가 시키면 다 하는 로봇이야?
어떻게 우리 집에 왔지? 난 널 주문한
적이 없어. 용돈도 다 떨어졌는걸?
야! 근데 왜 말을 안 해!
쳇, 이거 순 고물이잖아!
누가 고장난 걸 팔아먹은 거 아냐?

로봇은 여전히 아무 말도 없었어요. 조금 전의 떨림과 긴장은 싹 사라져 버렸어요. 두나는 전원 버튼을 푹 꺼 버리고는 다시 텔레비전을 보았어요. 하지만 재미없었어요. 두나는 다시 고개를 돌려 로봇을 멀뚱히 바라보았어요. 멍하니 앉아 있는 로봇을 보니 다시 말을 걸어 보고 싶은 생각이 들었지요.

'내 말이 너무 빨라 못 알아들었나? 맞아. 영화 같은 걸 보면 로봇은 말이 좀 느렸어. 아무래도 사람이 아니니까 내 말을 알아듣는 데 시간이 좀 걸릴 거야.'

두나는 다시 동작 버튼을 누르고 이번에는 아주 천천히 또박또박 말을 걸었어요.

"난 두 나 라 고 해. 넌 누 구 야?"

한 이삼 초쯤 흘렀을까요?

"앙!"

아이 울음소리가 짧게 들리더니 이내 로봇 목소리가 들렸어요.

"안녕. 난 말 안 듣는 아이를 도와주는 로봇이야."

로봇은 틀림없이 그렇게 말했어요. 보통 사람들이 말하는 속도와 거의 비슷하게 말했지요.

"우아, 진짜 말을 하는구나! 그런데 왜 조금 전에는 작동이 안 되었지? 내 말을 못 알아들은 거야?"

두나가 고개를 갸우뚱거리자 로봇은 천천히 말을 이었어요.

"넌 네 말만 했잖아. 내가 말할 틈도 안 주고 말이야. 넌 대화의 기본도 모르는 아이야."

"쳇, 내가 대화를 모른다고? 이렇게 말하는 게 대화가 아니고 뭐야? 바보 로봇."

"거 봐. 넌 대화를 몰라. 대화는 말이야, 우리 마음을 나타내는 거야. 말 속에는 마음이 고스란히 들어가 있단 말이야. 그래서 우리가 하는 말도 아름다운 꽃처럼 빛깔을 지니고 있어. 꽃처럼 냄새도 있고. 네가 지금 나한테 한 말은 어떤 빛깔일까?"

로봇 말을 듣자 갑자기 어두운 구름 빛깔이 떠올랐어요. 두나 말에는 퉁명스러움과 불만이 가득 들어 있었지요.

"잊지 마. 내가 말 안 듣는 아이들을 도와주는 로봇이란 걸. 나는 버릇없이 굴거나, 친구 사이가 안 좋거나, 심술궂은 아이들을 도와주는 로봇이야. 나랑 함께 이야기도 하고 놀다 보면 어느새 마음속에 잘못된 생각들을 바로잡게 되지.

"말도 안 돼. 그럼 우리 엄마가 내가 말을 하도 안 들어서 널 주문했단 말이야?"

두나는 로봇 말을 듣고 나서야 깨달았어요. 이 로봇은 바로 두나의 까다로운 성격을 고치려고 왔다는 걸 말이에요. 이런 식으로 로봇은 두나를 조금씩 가르치려 들 거예요. 두나는 갑자기 기분이 나빠졌어요. 하지만 참 신기하긴 해요. 로봇은 두나를 마치 오래 전부터 알고 있었던 것처럼 대화를 이끌어 갔으니까요. 로봇 말대로 두나는 누군가의 이야기를 열심히 들어준 적이 없었어요. 친구들 사이에서도 늘 자기 할 말만 다 하면 끝이었어요. 두나는 기분이 나빴지만 호기심이 생겼어요.

"좋아. 그럼 네가 이야기해. 오늘은 얼마든지 네 얘기를 들어줄 테니까."

로봇은 그제야 자기가 우주에 있는 블랙홀에 빠져 과거로 시간 여행을 하고 있으며, 자기는 사람들처럼 지능이 있어 얼마든지 이야기를 나눌 수 있다고 했어요. 그리고 나서 마지막으로 이렇게 말했어요.

"너랑 친구가 되고 싶어."

로봇 말에 피식 웃음이 새어 나왔어요. 두나는 학교 친구들도 별로 안 좋아해요. 두나 눈에는 친구들이 모두 자기보다 어려 보였거든요. 게다가 이상하게도 친구들과 자기는 어딘가 안 어울린다는 생각이 들었어요. 그래서 두나는 어릴 때부터 책이나 만화, 영화에서 만나는 등장인물들만이 친구라고 생각하고 있었어요. 두나는 아직 로봇 따위를 친구로 둘 생각은 없었어요.

"저리 가! 난 혼자 있고 싶어."

두나는 로봇을 거실로 내 보내고 방문을 닫아 버렸어요. 밖은 눈 깜짝할 사이에 어두워져 폭우가 쏟아졌어요. 두나가 아무리 강한 아이라고 해도 이런 날씨는 혼자 있기 무서워요. 두나는 갑자기 엄마가 보고 싶어 엉엉 울다 침대에서 선잠이 들었어요.

대화란 무엇일까?

선생님: 신이 사람을 만들 때 입을 하나, 귀를 둘로 만든 것은 내가 한 마디 하면 남의 말을 두 마디 들어 주라는 뜻이 아닐까? 진짜 대화란 남의 말을 끝까지 귀담아 들어 주는 거야. 어쩌면 들어 주는 게 말하는 것보다 더 중요한 것일지도 몰라.

소크라테스: 네 자신과 이야기를 나눠 봐. 묻고 답하다 보면 자기 스스로 많은 걸 생각해 낼 수 있거든. 만약 못 푸는 어려운 문제가 생기면 친구들이나 어른들과 이야기를 해 봐. 미처 몰랐던 자기 생각도 알게 되고, 다른 사람의 지혜도 얻게 되지. 그러니 마음을 열고 대화를 많이 해 보라고.

사랑에 빠진 남자: 난 사랑하는 사람과 대화를 많이 나눠요. 말을 안 하면 상대의 마음을 정확하게 읽을 수가 없지요. 대화는 진짜 마음을 제대로 전할 수 있는 방법이 아닐까요?

상담가: 대화를 나눌 땐 듣기 싫은 말도 들을 수 있는 마음이 있어야 해요. 언제나 따뜻하고 듣기 좋은 말만 오갈 수는 없거든요. 몸에 좋은 약은 입에 쓴 법이지요. 그럴 땐 공손하게 얘기해야 해요. 듣는 사람이 기분 나쁘게 듣지 않게 말이죠.

식물·동물: 우리도 서로 대화합니다. 사람 말도 알아듣고요. 그러니 우리를 키울 때 그냥 키우지 말고 대화를 하면서 키워 주세요. 그럼 식물은 더 쑥쑥 크고, 동물은 더 친밀감을 느끼지요.

감사 얼마 동안 잔 걸까요? 두나는 빗물이 똑똑 떨어지는 소리에 잠을 깼어요. 창 밖을 보니 어느새 비가 그치고, 햇빛이 방 안으로 쨍하게 들어와 있었어요. 어디선가 구수한 찌개 냄새가 났어요.

'어디서 나는 냄새지? 벌써 엄마가 돌아오셨나?'

두나는 벌떡 일어나 거실로 나가 보았어요.

고슴도치 할머니였어요. 할머니는 한 주에 두 번 집안일을 해 주러 와요. 할머니는 겨울이면 늘 이상한 털옷을 입어요. 두나 눈에는 그 삐죽삐죽한 털이 마치 고슴도치 털처럼 보였어요. 그래서 '고슴도치 할머니'라고 해요.

어느새 로봇도 할머니 곁으로 다가왔어요. 로봇은 요리를 하고 있는 할머니한테 꾸벅 인사를 했어요.

"할머니, 안녕하세요?"

할머니는 로봇을 돌아보고는 깜짝 놀랐어요. 책 속에서나 보던 로봇이 눈앞에 서 있었으니까요.

"오, 정말 놀라운 일이구나. 로봇이 인사를 다 하다니. 인사성이 참 밝구나."

그 모습을 본 두나는 기분이 나빴어요. 두나는 보통 할머니한테 인사를 하는 둥 마는 둥 하거든요. 그냥 집에 일하러 온 할머니이니까요. 두나는 자기보다 인사도 훨씬 잘하고, 할머니한테 금세 칭찬을 받는 로봇이 갑자기 얄미워졌어요.

"두나야, 배고팠지? 얼른 먹어."

할머니는 상에 밥과 찌개를 올려놓았어요. 옆에는 두나가 가장 좋아하는 달걀말이도 있었고요. 하지만 두나는 멀뚱히 밥상만 내려다보았어요.

"얼른 먹으래도."

두나는 말없이 밥을 먹었어요.

"넌 무얼 먹어?"

할머니가 로봇한테 물었어요.

"전 아직 힘이 많아요. 힘이 떨어지면 충전하면 되고요. 아, 그런데 이건 무슨 꽃이에요?"

로봇이 가리키는 밥상 한 쪽에는 나리꽃이 꽃병에 꽂혀 있었어요. 할머니는 그 말에 어깨를 으쓱이며 말했어요.

"아, 넌 로봇이니 꽃을 잘 모르겠구나. 이건 나리꽃이란다. 오는 길에 꽃집에 들렀는데 오늘따라 나리꽃이 어찌나 예쁘게 보이던지. 아이들은 동물이나 식물과 친해지면 크는 데 아주 좋단다."

"우아, 할머니는 아주 친절한 분이네요."

"친절은 무슨……, 나도 옛날에 아이를 키워 봤으니 엄마 마음을 잘 알지. 두나 엄마가 두나 걱정을 많이 하지."

할머니는 두나를 힐끗 보며 말했어요. 하지만 두나는 할머니 말에 아무 대꾸 없이 밥만 먹었어요. 두나는 은근히 질투가 났어요. 로봇이 자기보다 할머니와 더 빨리 친해지는 게 못마땅했지요. 말은 안 했지만, 두나도 꽃을 보니 기분이 좋았어요. 꽃병에 꽃이 꽂혀 있는 걸 정말 오랜만에 보니까요. 하지만 꼭 말을 해야 하나요? 두나는 묵묵히 밥만 먹고 일어났어요. 두나가 뾰로통한 얼굴로 방에 들어가려 하자, 로봇이 한마디 툭 내뱉었어요.

"넌 고맙다는 말도 할 줄 모르는 멍청한 아이구나."

"뭐라고?"

멍청하다는 말에 두나는 화가 치밀었어요. 세상에 이렇게 건방진 로봇이 또 있을까 싶었어요.

"너 방금 뭐라고 그랬어?"

"넌 고맙다는 말도 할 줄 모르느냐고!"

두나는 기가 막혔어요. 두나는 할머니가 잠깐 자리를 비운 틈을 타 로봇한테 으름장을 놓았어요.

"야, 넌 내가 산 로봇이야. 내가 주인이라고! 그리고 할머니는 일하러 온 사람이니까 밥을 하는 건 아주 당연한 거야!"

두나는 이참에 로봇을 단단히 길들여야겠다고 생각했어요. 로봇은 두나 말에 고개를 절레절레 저었어요.

"세상에 당연히 받을 수 있는 건 없어. 모든 건 다 선물이지."

"선물이라고?"

멍청할 줄 알았던 로봇은 뛰어난 인공 지능 덕분인지 말을 아주 잘했어요.

"아무리 일하는 할머니래도 밥을 차려 주신 할머니한테 고맙다고 해야 하는 거야. 넌 모든 걸 너무 당연하게 받는구나."

로봇은 모든 일에 트집을 잡았어요. 두나는 머리가 터질 만큼 화가 났어요.

"넌 아주 날 가르치려고 마음먹었구나."

"그럼. 난 말 안 듣는 아이를 도와주는 로봇이니까."

그제야 나타난 할머니는 손사래를 쳤어요.

"얘들아, 그만 하렴. 왜 그렇게 소리내어 싸우는 거야?"

고슴도치 할머니는 다시 일을 했어요. 할머니가 설거지를 하는 동안 두나는 이 잘난 척하는 로봇을 어떻게 해야 할지 생각하고 또 생각했어요. 로봇은 두나를 보며 빙긋이 웃었어요.

"두나야, 화내지 마. 난 너를 도우려고 왔으니까. 넌 일하는 엄마를 싫어하지? 더욱이 엄마가 집에 없는 날이면 화가 더 많이 난다는 걸 알아. 안 그런 척할 뿐이지."

두나는 로봇을 바라보았어요. 어쩐지 로봇한테 속내를 들킨 것만 같았지요.

"하지만 생각해 봐. 일 잘하는 똑똑한 엄마 덕분에 넌 학교도 다니고 태권도도 배우는 거잖아. 바라는 대로 다 해 주는 엄마가 세상에 어디 있어? 엄마가 있다는 것만으로도 가장 큰 선물이지."

"선……, 물이라고?"

"그럼. 그것말고도 선물은 얼마든지 있어. 오늘도 건강하게 일어난 거, 친구들이 널 좋아하는 거, 공부 잘하는 거. 그리고 일하는 할머니가 와 주시는 거. 지금 이렇게 네 옆에 내가 있는 거. 사람들은 참 이상해. 자기가 갖고 있는 건 모두 당연한 것인 줄 알거든. 세상에 그런 게 어디 있어?"

참 놀라운 일이었어요. 로봇은 마치 두나 마음속을 훤히 다 보고 있는 것만 같았어요. 두나는 사실 지금까지 불만투성이였어요. 아빠가 안 계신 것도 불만이었고, 엄마가 바쁜 것도 불만이었고, 동생이 없는 것도 불만이었고, 학교 선생님도 아이들도 모두 불만이었어요. 그런데 달리 생각해 보면 로봇 말대로 정말 모든 게 선물이 될 수도 있어요. 선물이라고 생각하니 모든 것에 고마워해야겠다는 마음이 설핏 들었어요. 두나는 처음으로 로봇이 조금 좋아 보였어요. 어쩐지 아주 나쁜 로봇 같지는 않았어요. 두나는 이참에 "할머니, 잘 먹었습니다." 하고 인사를 해 볼까 생각했어요. 하지만 도저히 입에서 그 말이 안 떨어졌어요.

감사란 무엇일까?

어떤 책을 보면 이런 말이 나와요. '가장 어려운 수학 문제는 우리가 신이나 이웃한테 받은 축복을 세어 보는 것이다.'
그만큼 우리가 알게 모르게 받고 사는 것이 많다는 뜻이지요. 그 모든 것에 감사할 줄 아는 마음. 그것은 성숙한 인격을 갖추는 지름길이자, 닫힌 마음을 열 수 있는 아주 놀라운 힘이랍니다.

인도 사람: 우리나라에는 이런 속담이 있지요. 병에 물이 반만 차 있다고 투덜대지 말고 병 속에 아직 반이나 남아 있음을 고마워하라.

디트리히 본회퍼: 고마워하는 마음을 바탕으로 인간은 부자가 된답니다. 둘레를 둘러보면 고마워할 것들이 넘쳐나니까요. 벌써 우리한테는 많은 것이 있다는 뜻이에요.

피터 세퍼: 사람이 하는 첫 번째 나쁜 짓은 바로 고마움을 모르는 것입니다. 아주 작은 일에도 고마워하는 마음이 있어야 해요.

헬렌 켈러: 난 눈도 안 보이고 귀도 안 들리고 말도 못했지만, 설리번 선생님을 만나고부터는 신께 더욱 감사했어요. 이를 바탕으로 나는 나를 더욱 잘 알고 해야 할 일이 무엇인지 더욱 확실하게 알 수 있었지요.

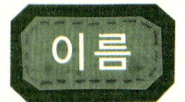
이름

"두나야, 로봇한테 이름을 지어 주는 게 어때?"

할머니는 과일을 깎으며 말했어요. 두나는 마음이 상했어요. 할머니가 자기보다 로봇과 더 친해질까 봐 조바심이 난 거예요.

"이름이 꼭 있어야 해요? 기계인데?"

로봇은 두나 말에 어쩐지 서운한 마음이 들었어요. 로봇은 가만히 무언가를 생각하더니 두나한테 말했어요.

"잘 봐. 지금 영상을 볼 차례야."

로봇이 출력 1번 버튼을 누르자, 조금 뒤, 로봇 가슴 쪽에서 텔레비전처럼 영상이 나타났어요.

"저게 뭐지?"

두나가 잘 모르는 두 사람이 나와 어떤 대화를 나누고 있었어요.

"저건 누구야?"

"두나야, 내가 안 알려 준 게 있는데……, 사실은 나를 주문한 사람은 바로 미래의 두나 너야. 네가 어른이 되어서 네 딸한테 주려고 네가 주문한 거라고."

"미래의 내가 주문한 거라고?"

"응. 미래의 네 딸이 말을 잘 안 들으니까 네가 '말 안 듣는 아이를 도와주는 로봇'을 주문한 거야. 넌 커서 딸을 아주 걱정하고 사랑하는 엄마가 되었단다. 이 영상을 잘 봐. 미래의 네 모습이 어떤지 볼 수 있을 거야."

로봇이 보여준 영상에서 두나가 미래의 남편과 함께 아이 이름을 짓고 있었어요.

두나는 그 영상을 보고서야 로봇 말을 이해할 수 있었어요. 이 로봇은 미래의 어른이 된 두나가 자기처럼 말 안 듣는 딸한테 주려고 주문했지만 잘못 배달돼 과거로 와 버린 거죠. 어떻게 몇십 년을 거슬러 어린 두나한테 배달이 됐는지는 알 수 없지만 말이에요.

두나는 할머니 말대로 로봇한테 이름을 지어 주어야겠다고 생각했어요. 언제까지고 "야!" "어이, 로봇!" 하고 부를 수는 없는 노릇이었어요.

"너한테도 이름이 있어야 할 텐데, 어떤 이름이 좋을까?"

두나는 할머니와 얘기한 끝에 '두기'라는 이름을 지었어요. '두기'는 '두나를 닮은 기계 인간'이라는 뜻이에요.

"두기야, 잘 자."

두나는 로봇 이름을 불러 보았어요. 그러자 로봇이 두나한테 참 필요한 사람이 된 것만 같았어요. 두기는 이제 미래에 만들어진 수많은 로봇 가운데 하나가 아니라, 두나한테 세상에 하나뿐인 아주 특별한 로봇이 된 거예요. 두기는 자기 이름을 아주 마음에 들어 했어요. 두나는 로봇 두기가 잠을 잘 수 있게 전원을 꺼 주었어요.

"이제 나도 가 봐야겠다."

일을 마친 할머니는 고슴도치 털옷을 주섬주섬 챙겨 입었어요. 두나는 용기를 내어 처음으로 말했어요.

"할머니, 오늘 고맙습니다."

할머니는 빙그레 웃었어요.

다른 건 몰라도 두나는 하나만은 확실히 알 것 같았어요. 아무 말도 안 할 때보다는 좋은 말 한마디 건넬 때가 훨씬 더 기분이 좋아진다는 걸 말이에요. 할머니도 두나도 그 말을 하기 전보다 훨씬 더 행복해졌어요.

이름이 뭘까?

두나 엄마: 이름은 사람이나 사물의 원래 성질을 말해 주는 거야. 우리가 '동그라미'라고 했을 때, 네모를 떠올릴 수 없듯이 말이야. 우리 이름 속에도 부모님이 바라는 모습이 담겨 있어. '두나'라는 이름 속에는 '두려움 없는 나'라는 뜻이 담겨 있어. 두나가 커서 세상에 어떤 두려움도 없이 하고 싶은 일을 할 수 있는 용감한 아이가 되기를 바라.

철학자: 이름을 짓는다는 것은 사람이나 사물을 잘 이해할 때 할 수 있는 일이에요. 잘 이해한다는 건 그만큼 더 잘 알고 사랑한다는 뜻이지요. 그런 마음이 없으면 이름도 아무런 의미가 없지요.

12월 19일 월요일

오늘은 내가 태어나서 처음으로 누군가의 이름을 지어 주었다.
'두기'.
바로 어제 만난 로봇 이름이다. 내가 아주 대단한 일을 한 것만 같아 기분이 좋다.
"두기야!" 하고 이름을 부르니 갑자기 두기가 우리 식구가 된 것만 같았다. 일하러 오신 고슴도치 할머니도 오늘 이렇게 말씀하셨다.
"혼자 살아갈 거라면 이름이 없어도 되지만, 누군가와 마음을 나누려면 이름이 있어야 한단다. 이름은 그 사람 마음으로 건너갈 수 있는 다리 같은 거야."
이제 내 친구 이름도 자주 불러 줘야겠다.
그러면 친구들도 내 이름을 자주 불러 주겠지? 영아한테는 이제 뚱땡이라고 그만 불러야겠다. 영아는 내가 그렇게 부를 때마다 늘 울상을 지으며 말한다.
"난 세상에서 뚱땡이라는 말이 가장 싫어."
친구 마음을 아프게 하는 나쁜 별명으로 안 불러야겠다. 그런데 앞으로 영아를 뭐라고 부르지?

화요일 자신감·겸손·행복

나를 멋있게 만드는 것

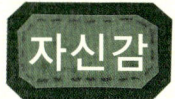 화요일은 두나가 태권도 도장에 가는 날이에요. 두나가 딱 하나 배우고 있는 거랍니다.

두나는 도복으로 갈아입고 집을 나섰어요. 그동안 열심히 안 해서 두나는 아직도 하얀 띠예요. 두나는 두기가 혹시 눈치챌까 봐 조금 부끄러웠어요.

"어디 가?"

두기는 호기심이 가득한 얼굴로 고개를 갸웃거리며 물었어요.

"내가 어디 가든 네가 알게 뭐야?"

보통 때처럼 무뚝뚝한 말투가 툭 튀어나왔어요. 두나 속마음은 달랐지요.

'두기도 데려갈까?'

두나는 사실 친구가 별로 없어요. 더 솔직히 말하면 친구를 사귀고 싶지 않았어요. 특히 잘난 척하는 아이들은 꼴도 보기 싫지요. 태권도 도장에도 그런 친구들이 둘이나 있어요. 한 친구는 빨간빛과 까만빛이 섞인 품띠를 늘 자랑스럽게 생각해요. 그건 친구들 가운데 자기가 태권도를 가장 잘한다는 뜻이거든요. 그리고 또 한 친구는 늘 예쁜 척해요. 태권도 도장에서도 가장 예쁘다고 이름이 나긴 했지만 말이에요.

두나는 마음 맞는 친구를 사귄다는 게 얼마나 어려운지 잘 알고 있어요. 가끔 심심하기는 하지만, 두나는 혼자서도 재미있게 놀 수 있는 방법을 많이 알고 있어요. 인터넷 게임만 해도 시간은 금세 지나가 버리는 걸요? 두나는 두기를 친구들한테 보여 주고 싶은 마음이 살짝 들었어요.

'두기랑 나타나면 아이들 모두 놀라겠지?'

두나는 두기 때문에 자기가 좀 남다른 아이라는 걸 보여 주고 싶었어요.

"두기야, 같이 갈래?"

두나는 은근슬쩍 두기를 떠보았어요.

"어디 가냐니까?"

"바보. 내가 입은 옷 보면 몰라? 태권도 하러 가잖아."

사실 두기를 집에 두고 가려니 어쩐지 마음에 걸렸어요. 혼자 있는 게 얼마나 심심한 일인지 잘 알고 있으니까요. 전원을 꺼 놓고 가도 되지만, 어쩐지 두기가 자꾸 사람처럼 느껴졌어요.

두나는 로봇 두기를 데리고 태권도 도장에 갔어요.

"자, 잡아."

두기가 먼저 손을 내밀었어요. 두나는 차가운 두기 손을 잡기가 싫었어요.

"내가 걸음이 너보다 느려서 널 놓칠지도 모른단 말야. 우리 손잡고 걷자."

두나는 망설이다 두기 손을 잡았어요. 손을 잡고 길을 걸으니 두나보다 한참이나 작은 두기가 동생 같았어요. 갑자기 세상이 처음부터 새롭게 시작되는 이상한 기분이 들었지요.

"저건 뭐야? 영화에서나 보던 로봇이잖아!"

"우아, 진짜 신기하다!"

길가는 사람들이 힐끔힐끔 두나와 두기를 보았어요. 여기저기서 속닥거리는 소리가 두나 귀에까지 들려왔어요. 두나는 어쩐지 어깨가 으쓱거렸어요. 사람들의 관심이 싫지 않았거든요.

'이런 로봇 처음 보지?'

이제껏 이런 로봇을 친구로 둔 사람은 없었어요. 두나는 로봇 친구가 있다는 생각에 자신감이 생겼어요.

태권도 도장에서는 더욱 난리였어요.

"두나야, 이거 뭐야?"

"내 친구 두기야. 사람처럼 말도 하고 얼마든지 자유롭게 움직일 수도 있어. 말을 걸어 봐. 인사도 해 보고."

두나는 한껏 들떠서 친구들한테 두기를 자랑했어요.

친구들은 놀랐어요. 두나는 도장에 오면 늘 아무 말 없이 태권도 연습만 하는 아이였어요. 친구들도 그런 두나한테 말을 안 걸었어요. 아이들은 두나를 보면 "혼자 있고 싶어!" 이렇게 말하고 있는 사람처럼 느껴졌나 봐요.

하지만 두기 덕분에 친구들은 금세 두나 옆으로 몰려들었어요. 두나 또한 친구들과 처음으로 많은 이야기를 나누었고요.

"두기야, 이 친구들 이름을 듣고 기억해 봐."

"두기야, 너도 태권도 동작을 따라해 봐."

두기는 태권도 사범님도 깜짝 놀랄 만큼 많은 말을 했어요. 두기 덕분에 두나는 아주 자연스럽게 친구들과 이야기를 나눴어요. 두나는 뭔지는 모르지만 차츰 자신감이 생겼어요. 그날 태권도 도장에서 태권도를 배우는 일은 어느 때보다 즐거웠어요.

"자, 태권 준비! 하나 하면 얍! 둘 하면 태권! 셋 하면 태권도!"

모두 신 나게 팔을 앞으로 쭉 뻗었어요. 두기도 뒤에 서서 어설프게 따라 했지요. 두나가 그렇게 가볍게 날아갈 듯 뛰어 본 적은 처음이었을 거예요.

태권도를 마치고 두나는 친구들과 함께 걸었어요. 친구들이 두기 뒤를 졸졸 쫓아왔으니까요.

"쳇, 바보."

길이 나누어지고 친구들과 헤어지고 나서야, 두기는 두나한테 입을 열었어요. 두나는 두기 말이 무슨 뜻인지 알아차릴 수 없었어요.

"왜? 내가 왜 바보야?"

"난 한눈에 알아차렸어. 네가 그동안 왜 친구들과 말도 안 하고 지냈는지 말이야. 넌 친구들을 싫어한 게 아냐. 넌 자신이 없었던 거야. 공부를 썩 잘하는 것도 아니고, 그렇다고 아주 예쁜 것도 아니고, 엄마는 일하느라 늘 집에 없고, 아빠는 안 계시고. 넌 남들보다 없는 게 많아서 괜히 움츠러들었던 거라고."

"아냐!"

두기 말에 두나는 화가 나서 소리를 버럭 질렀어요. 그러고는 두기를 두고 씩씩거리며 앞장서 걸었어요. 두나는 두기 말이 맞다는 걸 알고 있었어요.

두나는 어릴 때부터 늘 혼자 있는 때가 많았어요. 그런 시간이 많을수록 어쩐지 친구들이 자기를 안 좋아할 거라는 생각이 들었지요. 혼자 지내는 것에 익숙해진 거예요. 하지만 오늘 두기 때문에 자연스럽게 친구들과 이야기를 하면서 두나는 그동안 알지 못했던 즐거움을 깨달았어요. 두기를 인사시키면서 친구들한테 말을 거는 자기 모습이 썩 멋있어 보이기도 했어요.

"겨우 나 하나 있다고 자신감을 찾다니……."

두기는 집 앞에 다다라서야 두나를 보며 말했어요.

"넌 네가 얼마나 괜찮은 사람인 줄 모르는구나. 난 어제 너를 처음 봤지만, 넌 아주 괜찮은 구석이 많은 친구야."

두나는 두기 말에 따지듯이 소리쳤어요.

"바보야, 내가 괜찮은 데가 어디 있어?"

"넌 나한테 금세 이름을 지어줄 만큼 마음이 따뜻한 친구야. 그리고 혼자서도 안 무서워하며 지낼 만큼 어른스럽고, 할머니가 안 오는 날에는 혼자서도 집안일을 하면서 엄마를 도와주잖아. 그건 아무나 쉽게 할 수 있는 일이 아니야. 그리고 게임도 잘하고, 조립도 곧잘 할 만큼 머리도 좋고, 넌 얼굴도 예쁜데 자기가 예쁘다는 걸 잘 모르고 있을 뿐이야. 봐, 넌 괜찮은 구석이 많다고."

"정말?"

"그럼, 자신감을 가져! 자신감은 자기가 멋진 사람이라는 믿음에서 출발하는 거라고! 그래야 어떤 일이든 즐겁고 당당하게 도전할 수 있어. 어때? 오늘부터 자신감 있게 사람들을 대하는 건?"

두나는 놀라서 두기를 바라보았어요. 두기가 참 멋있어 보였거든요. 두나의 얼굴을 본 두기는 아무 말 없이 어떤 영상을 보여 주었어요.

"미래의 네 모습을 한번 봐. 네가 얼마나 멋지고 당당한 어른이 되었는지 한번 보라고. 아마 넌 상상도 못할 거야. 네 딸은 네 편지를 받고 얼마나 좋아했는지 몰라. 지금 너하고 똑같았거든. 자신감 없고, 혼자만 있으려고 하고, 다른 사람은 거들떠도 안 보는 아이지. 그런 아이가 바뀐 게 네 편지 덕분이라면 믿을 수 있겠어?"

다시 두기 가슴에서 못 봤던 영상이 흘러나왔어요. 화면 속 엄마가 된 두나는 딸한테 이런 말을 해 주고 있었어요.

사랑하는 우리 딸,
너를 볼 때마다 자꾸 내 어릴 때가 떠오른단다. 그때는
아빠가 없는 것도, 엄마가 늘 바쁜 것도 모든 게 불만이었지.
그래서 자꾸만 다른 아이들과 다르다고 생각했고, 왠지 모르게 어깨
가 움츠러들었어. 하지만 그게 얼마나 어리석은 일인지 깨달았지.
엄마는 우리 딸이 공부를 못해도, 잘하는 게 없어서 인기가 없어도
자신감만은 안 잃어버리는 사람이 되면 좋겠어.
자신감은 세상을 살아나갈 때 가장 소중한 힘이 되는 거란다.
자신감은 누가 만들어 주는 게 아니야. 누구나 자기 마음속에 있지.
자신감은 누가 뭐래도 자기를 믿는 거야. 내가 괜찮은 사람이라는
것을 믿어 의심치 않는 거라고! 사람은 모두 자기만의 삶을 살아가
지. 세상에 똑같은 삶이 하나도 없는 딱 하나뿐인 내 삶.
그것만으로도 얼마든지 자신감을 가져도 좋아.
신은 모든 사람한테 자신감을 주었어. 그걸 꺼내 쓰는
사람만이 더 신 나게 살아갈 수 있지. 어때?
이제 그만 두려워하고 마음속에 든
자신감을 꺼내 봐!

'딸한테 이렇게 멋진 말을 들려주는 사람이 바로 나라니……'
두나는 어른이 된 자기를 보자 기분이 이상했어요. 이렇게 멋진
어른이 돼 있는데 그동안 왜 자꾸 친구들을 멀리하고 살았을까요?
두나는 마음속 밑바닥에서 당당함 같은 것이 스멀스멀 올라오는 느

낌이 들었어요. 내가 이 세상을 살아가는 것만으로도 자신감을 가질 수 있다는 생각을 해 본 적이 없었는데, 미래의 두나가 그걸 일깨워 주었지요. 두나는 소심한 자기와 싸워 이길 수 있을까요?

자신감이란 무엇일까?

실패를 미리 걱정하지 않는 것이 자신감이에요. 잘할 수 있을 거라고 자신을 믿고, 그 믿음이 현실에서 이루어질 거라고 믿는 것이 바로 자신감이지요. 이런 자신감 덕분에 세상을 바꾼 위대한 인물들을 만나 볼까요?

대처 수상은 영국 맨처음 여성 수상이에요. 한명숙 총리는 우리나라 맨처음 여성 총리고요, 매리 매컬리스는 아일랜드 맨처음 여성 대통령이지요. 모두 남자들이 판치는 정치계에서 여성의 목소리를 낸 사람들이죠. 이 사람들은 모두 '자신감'이 있었어요. 자신감은 안 될 것 같은 일들을 되게 해 준답니다. 잘난 사람이 자신감을 갖는 것이 아니라, 자신감 있게 행동하는 사람이 더 큰 일을 할 수 있어요. 다른 위인들은 이런 말을 했어요.

 **링컨**: '할 수 있다. 잘 될 것이다.'라고 마음먹으세요. 그러고 나서 할 수 있는 방법을 찾으세요.

 **에디슨**: 자신감은 성공으로 이끄는 첫 번째 비결입니다.

 집에 돌아온 두나는 저녁을 차리면서 내내 들떠 있었어요.

"나한테도 목표가 생겼어! 열심히 해서 내년에는 품띠까지 따 버릴 거야! 그래서 아이들을 깜짝 놀라게 해야지! 내가 못하는 게 없는 아이라는 걸 보여 주고 말 거라고. 그리고 그동안 날 얕잡아 보던 재호랑 미진이보다 먼저 따서 기를 팍 눌러 버릴 거야."

두나는 오늘 친구들의 관심에 다른 사람이 돼 버린 것처럼 호들갑을 떨었어요. 내친김에 태권도 실력까지 쌓아서 아이들한테 인기 있는 친구가 되고 싶다는 욕심이 생겼거든요.

"에그, 자신감을 가지라고 했더니 금세 자만해져?"

"자만이라고? 무슨 소리야. 언제는 자신감을 가지라며?"

두나는 입을 비쭉 내밀며 말했어요.

"그렇게 지나친 욕심을 부리면 어떡해? 태권도도 많이 안 좋아하면서……, 괜히 이참에 더 멋있어 보이려 그러는 거지?"

"정말 넌 내 마음을 콕콕 찌르는 말만 하는구나."

두나는 머쓱해졌어요. 두기 말이 거짓이었다면 아니라고 큰소리라도 쳤을 텐데, 정말이었어요. 두나는 그동안 태권도를 좋아해 본 적이 없었어요. 그저 남들이 하니까, 엄마가 제발 태권도만이라도 배우라고 하니까, 하는 수 없이 다니게 된 거예요. 집에 혼자 있으면 마땅히 할 일도 없고요. 두나는 오늘 잠깐 몰려든 인기에 뭐든 다 잘하고 싶은 욕심이 생긴 거지요.

"오늘은 기분이 정말 이상했어. 세상에 하나뿐인 로봇을 두었다고 생각하니까 내가 어쩐지 잘난 것 같잖아. 친구들도 나를 대단하게 보는 것 같고. 그래서 잠깐 우쭐대고 싶은 마음이 든 것뿐이야."

"두나야, 자신감이 가득 찬 사람들이 가장 조심해야 할 것이 무언지 알아? 바로 자만이야. 자기가 남보다 늘 높은 곳에 있다고, 늘 남보다 뛰어나다고 착각하면 안 돼. 사람은 누구나 장점이 있어. 자신감이 가득할수록 다른 사람들도 그만큼 소중하고 대단한 존재라는 걸 알아야 해. 태권도도 마찬가지야. 재호랑 미진이는 너보다 일찍 태권도를 시작한 친구들이잖아. 그런데 굳이 먼저 눌러 보려고 기를 쓸 것까지는 없어. 누구든 태권도를 더 좋아하고 열심히 한 사람이 좋은 열매를 맺을 테니까 말이야. 자기보다 애쓴 사람을 알아줄 줄 알아야 진짜 멋진 사람이지. 자기의 모자람을 아는 게 겸손이야. 알겠어? 천재로 알려진 아인슈타인도 자기 뇌를 많이 못 썼다고 겸손하게 말했잖아."

"아유 그만해. 넌 툭하면 가르치려 드는구나. 아까는 자신감을 가지라고 그러고 이제는 겸손해지라 그러고. 정말 어렵고 짜증나."

 두나는 갑자기 툴툴거렸어요. 이렇게 말했다가, 저렇게 말했다가, 사람 기분을 좋아지게 했다가, 나빠지게 했다가, 하는 두기가 미웠어요. 그래서 갑자기 전원을 확 꺼 버렸어요. 눈 깜짝할 사이에 두기는 '안녕' 하고는 말 못하는 평범한 로봇이 되어 버렸어요.

 갑자기 방 안이 조용해졌어요. 두나는 기분이 이상해졌어요.

 '나는 왜 이렇게 왔다 갔다 하지? 잠깐 나한테 보이는 관심에 너무 들떴나 봐. 난 정말 못말려……, 자신감도 있으면서 겸손해지는 건 정말 어려운 일이구나.'

겸손이란 무엇일까?

선생님: 겸손이라는 건 누구나 똑같이 평등한 사람이라는 걸 알고 있는 거예요. 내가 이만큼 해낸 것을 다른 사람도 할 수 있다고 생각하는 것이지요. 그렇다면 결코 잘난 체할 수 없어요. 이런 사실을 잊는 순간 사람은 자만해진답니다.

태권도 사범: 자신을 믿는 자신감과 자기가 남보다 더 잘났다고 생각하는 자만심은 서로 다른 거예요. "나도 열심히 하면 품띠를 딸 수 있을 거야." 하는 것은 자신감이지만, "쳇, 너는 아직도 하얀 띠를 매고 다니냐? 나는 벌써 품띠 땄는데." 하는 것은 자만심이지요.

메러디드: 먼저 겸손을 배우지 않는 자는 아무것도 배우지 못해요.

프랭클린: 자기가 아무리 성공하고 잘났어도 윗사람 앞에서는 겸손해야 해요. 나이가 많은 선배들의 지혜 앞에서는 아직도 모자란 것이 많으니까요.

성경 속의 말: 사람이 자만하면 끝내 낮아지게 되고, 마음이 겸손하면 영예를 얻을 수 있어요.

행복

두나는 방에 들어가 침대에 누웠어요. 오늘 하루를 생각해 보았어요. 문득 엄마가 늘 집에 오면 입버릇처럼 하던 말이 떠올랐어요.

"우리 공주님, 오늘 하루는 행복했나요?" 두나는 도무지 헷갈려서 뭐라 말할 수가 없었어요. 아침에 도장에서 두기랑 친구들이랑 많은 이야기를 할 땐 행복하다가, 두기가 집에 와서 충고를 해 줄 땐 안 행복했어요. 화가 나서 두기를 꺼 버리고는 다시 가만히 있으니 행복한 듯했다가, 또 금세 엄마가 그리워 안 행복한 것 같았어요.

'엄마, 난 내가 행복한지, 안 행복한지 잘 모르겠어.'

두나는 의자에 말없이 앉아 있는 두기를 보았어요.

'이럴 때 두기는 나한테 어떤 말을 해 줄까?'

갑자기 두기 목소리도 듣고 싶고, 두기 말을 들어 보고 싶은 마음이 생겼어요.

'아냐. 또 길고 긴 잔소리만 늘어놓을지도 몰라.'

두나는 침대에서 일어나 방 안을 서성거렸어요. 망설이고 망설이다 두기를 깨우는 단추를 눌렀어요. 불이 들어오면서 다시 두기가 깨어났어요.

"네가 없으니까 심심해."

"흐흐. 내가 보고 싶었다는 얘기군."

"아냐. 물어보고 싶은 게 있어서."

"아무래도 좋아. 물어보고 싶은 게 뭐야?"

두나는 오늘 느낀 기분을 이야기했어요. 어느 때는 행복하다가 또 금세 안 행복한 기분을 이야기했지요.

"두기야, 행복이 뭐야? 늘 행복할 수는 없을까?"

두기는 두나 말에 꽤 오랫동안 곰곰이 생각했어요. 두기한테도 쉽지 않은 문제라는 얘기였어요.

"행복은 말이야……, 한마디로 말할 수 없는 아주 어려운 거야. 행복할 수 있는 절대 기준이라는 건 세상에 없거든. 생각해 봐. 너도 오늘 순식간에 행복이 왔다 갔다 하잖아. 어쩌면 그건 그냥 그때그때 느낀 기분을 행복으로 착각하고 있는 건지도 몰라."

그 말에 이어 두기는 아주 긴 이야기를 들려주었어요.

알렉산더 대왕과 디오게네스 이야기야.

세상을 다 가진 알렉산더 대왕 둘레에는 지혜로운 정치가, 학자들이 많았어. 어느날, 대왕은 이름난 철학자 디오게네스를 만나 보고 싶어 했지만, 그는 오지 않았어. 대왕은 하는 수 없이 디오게네스를 찾아갔지. 그때 디오게네스는 햇볕이 잘 드는 곳에 드러누워 있었어. 대왕이 다가가 점잖게 입을 열었어.

"나는 알렉산더 대왕이다!"

다른 사람 같았으면 얼른 일어나 굽실거리며 인사했겠지. 하지만 디오게네스는 가만히 있었어.

"원하는 게 있다면 말해 보라!"

디오게네스는 아무 욕심 없는 얼굴로 말했어.

"저한테 비친 햇빛을 안 가리는 것입니다."

디오게네스한테 대왕의 권력은 전혀 부러운 게 아니었어. 디오게네스는 자기 삶에 만족했거든. 그에게 행복은 대단한 것이 아니라 햇볕을 쬐며, 생각하는 소박한 삶이었어. 행복은 사람들이 흔히 생각하는 것과는 다른 곳에 있는 것인지도 몰라. 사람들은 돈이 많아야, 권력과 명예가 있어야 더 많이 행복할 수 있다고 믿지만, 진짜 그런 사람들 가운데는 불행과 고통 속에서 살다 간 사람이 아주 많거든.

두기가 들려준 말 가운데 가장 기억에 남는 건 '만족감'이었어요. 자기 삶에 만족하는 사람이 가장 멋진 행복을 느낄 수 있다는 얘기였죠. 만족은 사람마다 달라서 어떻게 하면 만족할 수 있는지는 알 수 없다고 했어요. 중요한 건 쉽게 안 바뀌는 것을 찾는 사람이 더 오래 만족할 수 있다고 했어요. 그래야 행복도 쉽게 안 바뀔 테니까요. 그건 누군가 갖다 주는 게 아니라 자기 스스로 만들어 갈 수 있는 것일수록 좋지요.

"두나야, 넌 아빠가 없는 자기 상황을 늘 싫어하고 거기서 불행을 느껴왔어. 하지만 생각해 봐. 그건 네 힘으로 어찌할 수 없는 환경이야. 그렇다면 넌 평생 자기를 불행하게 생각할 수밖에 없는 거라고. 네 힘으로 할 수 있는 걸 생각해 봐. 엄마와 함께 있을 때 더 많은 대화를 나누는 것, 학교에 가서 친구들과 인사하는 것과 같이 네가 즐겁게 할 수 있는 것을 마음속에 쌓아 가는 게 어쩌면 가장 빠르게 행복해질 수 있는 방법일지도 몰라. 행복은 자기 스스로 만들어 내는 거야. 그건 누가 갖다줄 수 없는 거라고."

두기가 알려 주는 행복은 두나한테는 너무 어려웠어요. 하지만 한마디로 마음에 달린 거라는 뜻이겠지요? 두나는 눈을 감고 생각했어요.

'그래, 행복하다고 생각하는 때에 모든 것이 행복해질 거야. 오늘 나는 놀라운 일을 겪어서 행복했고, 나한테 있는 모난 구석을 보게 되어 또한 행복했어.'

오늘 일어난 일들을 하나하나 짚어 보면서 특별한 의미를 주자, 마음이 가벼워지면서 행복해졌어요. 행복은 참 신기해요. 그냥 그렇게 믿는 바로 그때, 조금 전과는 전혀 다른 마음이 되어 버린 거예요.

두나는 처음으로 두기한테 손을 내밀었어요.

"고마워, 두기. 이건 진심이야. 너랑 있으면서 조금씩 내가 괜찮은 아이가 되어가고 있는 것 같아. 이건 자만 아니지? 흐흐."

"하하."

두기는 두나 손을 잡고 함께 웃었어요. 그러자 차갑던 두기 손이 따뜻해지는 것 같았어요. 이어 팔뚝에 난 바코드에 파란 불이 조금 들어왔어요.

"이게 뭐야?"

"응……, 이건 내가 얼마나 내 몫을 제대로 하고 있는지 말해 주는 거야. 그러니까 두나 네가 얼마나 따뜻한 사람이 되어가고 있다는 표시야. 이 무늬가 파란 불로 가득 차면 내 임무는 끝나."

두나는 정말 두기 팔에 난 무늬가 모두 파란 불로 바뀔 만큼 따뜻한 사람이 될 수 있을까요? 솔직히 두나는 자신이 없었어요. 하지만 두나는 그날 아주 기분 좋게 잠이 들었어요.

행복이란 무엇일까?

삶 속에서 아주 가득한 만족과 기쁨을 느끼는 마음을 행복이라고 해요. 행복한 마음은 사람마다 모두 다르지요. 어떤 사람은 반에서 30등을 해도 행복하지만, 어떤 사람은 전교에서 2등을 해도 안 행복해하잖아요. 우리가 늘 행복할 수는 없을까요? 철학자들은 행복을 이렇게 말했어요.
"자신을 사랑하고 세상을 사랑하라!"

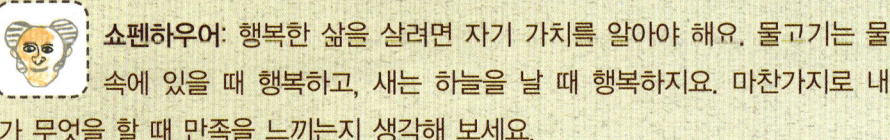
쇼펜하우어: 행복한 삶을 살려면 자기 가치를 알아야 해요. 물고기는 물 속에 있을 때 행복하고, 새는 하늘을 날 때 행복하지요. 마찬가지로 내가 무엇을 할 때 만족을 느끼는지 생각해 보세요.

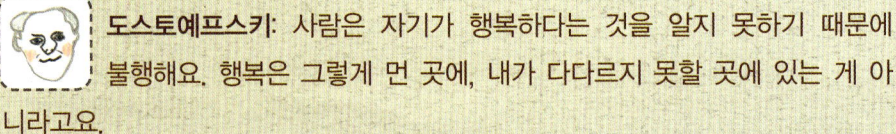
도스토예프스키: 사람은 자기가 행복하다는 것을 알지 못하기 때문에 불행해요. 행복은 그렇게 먼 곳에, 내가 다다르지 못할 곳에 있는 게 아니라고요.

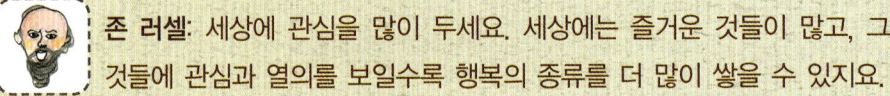
존 러셀: 세상에 관심을 많이 두세요. 세상에는 즐거운 것들이 많고, 그것들에 관심과 열의를 보일수록 행복의 종류를 더 많이 쌓을 수 있지요.

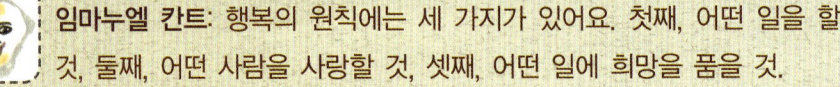
임마누엘 칸트: 행복의 원칙에는 세 가지가 있어요. 첫째, 어떤 일을 할 것, 둘째, 어떤 사람을 사랑할 것, 셋째, 어떤 일에 희망을 품을 것.

12월 20일 화요일

난 무얼 할 때 행복하지?

엄마가 맛있는 피자를 사 주실 때.

성적이 올랐을 때.

게임에서 이겼을 때.

텔레비전에서는 재미있는 만화를 볼 때.

선생님이 칭찬해 주셨을 때.

키가 많이 자랐을 때.

하지만 반대로 이럴 때는 안 행복잖아.

엄마가 맛있는 피자를 안 사 주실 때.

성적이 내려갔을 때.

게임에서 졌을 때.

엄마가 텔레비전 그만 보라고 야단칠 때.

선생님이 다른 친구들만 칭찬해 줄 때.

다른 친구들보다 키가 별로 안 자랐을 때.

늘 행복할 수 있는 방법은 없을까?

수요일 배려·예의·믿음

사람과 사람 사이

 두나는 아침에 도서관에 갔어요. 그리고 둘레를 두리번거렸어요.

'음, 또 왔군.'

한 아이가 저쪽 복사기 옆 긴 의자에 앉아 책을 보고 있었어요. 두나는 언제부턴가 그 아이가 자꾸만 거슬렸어요. 그 아이는 날마다 도서관에 와서 책을 보는 얼룩말 소년이에요. 얼룩말은 도서관에 오는 친구들이 마음대로 붙인 그 아이 별명이에요. 그 아이는 늘 줄무늬 털옷을 입고 나타났어요. 두꺼운 안경을 끼고, 목을 쭉 뺀 채 책을 보는 모습은 언뜻 동물 책에서 본 얼룩말 같았지요. 물론 그 친구는 다른 아이들이 자기를 얼룩말이라고 한다는 것을 전혀 모르고 있을 테지만 말이에요. 그 아이는 날마다 도서관에 와서 동화책을 읽었어요.

도서관에 오는 친구들은 모두 그 아이를 싫어했어요. 도대체 언제 유행하던 옷인지 도무지 알 수 없는 털옷은 그렇다고 쳐도, 복사기 쪽에 있는 긴 의자에 다리를 올리고 앉아 동화책을 읽는 건 도저히 봐 줄 수 없었으니까요. 세 사람이 앉을 수 있는 의자를 혼자 다

차지하고 앉아 있는 건 정말 눈엣가시였지요. 게다가 새로 전학을 왔는지 아는 아이가 하나도 없었어요. 따지고 보면 두나보다 훨씬 더 외로워 보이는 아이였어요.

'뭐 저런 애가 다 있어?'

두나는 제멋대로 자리를 차지하고 있는 아이를 더는 봐 줄 수가 없었어요. 아이들 또한 자꾸 그 아이를 힐끔힐끔 바라보았어요. 두나는 친구들 앞에서 꽤나 정의로운 척 으스대고 싶었어요. 그래서 성큼성큼 그 얼룩말 친구 앞으로 걸어갔어요. 그러고는 큰 소리로 말했죠.

야! 며칠 전부터 쭉 지켜봤는데, 너 혼자 이 긴 의자를 다 차지하고 있으면 어떡해! 빨리 비켜!

다른 친구들이 멋지다는 얼굴로 두나를 바라보았어요. 두나는 얼룩말이 어떻게 행동할까 뚫어져라 보고 있었어요. 조금 뒤, 얼룩말 소년은 미안한 얼굴로 말했어요.

"미안해. 아직 다른 데도 자리가 많아서 여기에 다리를 펴고 앉았어. 내가 지금 다리를 다쳤거든."

얼룩말 소년은 머쓱한 얼굴로 일어나, 읽고 있던 책을 들고 저쪽으로 가 앉았어요. 걷는 게 힘들어 보였어요. 두나는 그제야 눈에 보이는 대로 먼저 생각해 버린 자기가 부끄러웠어요. 얼룩말 소년은 다리를 구부릴 수가 없어서, 하는 수 없이 긴 의자에 다리를 올리고 앉아 책을 읽었던 거예요.

두나는 얼굴이 화끈거리는 것 같았어요. 구경하고 있던 친구들도 두나를 나무랐어요. 두나는 책을 읽는 둥 마는 둥 그 친구를 힐끔 바라보았어요. 조그마한 의자에 앉아 있는 모양새가 무척 불편해 보였어요. 두나는 얼룩말한테 무언가를 해 주고 싶었어요. 두나는 함께 온 두기한테 살짝 물었어요.

"두기, 내가 저 친구한테 무얼 해 주면 좋을까?"

두기는 귓속말로 뭐라고 소곤거렸어요. 두나는 알았다는 듯 고개를 끄덕였어요. 두나는 소년 앞으로 다가갔어요. 그러고는 의자 하나를 그 친구 쪽으로 돌려 주었어요. 그러고는 소년의 아픈 다리를 들어 의자에 올려 주었지요.

"조금 전에는 미안했어. 네 사정을 잘 몰랐으니까. 이렇게 하고 책 읽어. 한결 편할 거야."

두나의 행동을 본 다음부터는 다른 아이들도 더는 얼룩말 소년을 보고 쑥덕거리지 않았어요. 하지만 어느 누구도 그 얼룩말 소년한테 말을 거는 사람이 없었어요. 소년은 동화책에서 보던 뚱보 멍청이 같았거든요. 배는 불룩 튀어나온 데다, 팔다리도 통통 살이 올라 있었어요. 그뿐이 아니에요. 찢어진 눈과 낮은 코는 얼굴 살에 푹 파묻혔거든요.

"히히히."

소년은 가끔 들릴 듯 말 듯 혼자 키득거리기도 했어요.

'혹시 정말 바보는 아닐까?'

아마 그 아이의 웃음소리를 들어본 친구들이라면 모두 똑같은 생각을 했을 거예요.

두나가 책장 앞에 서서 읽을 책을 고르려던 참이었어요.

"그거 아주 재미있는데."

어디선가 또박또박 친절한 목소리가 들렸어요. 두나는 소리가 나는 곳으로 고개를 돌렸어요. 얼룩말 소년이었어요. 두나가 고개를 갸우뚱거리자 소년은 다시 한 번 조용히 말했어요.

"네가 방금 뽑았다가 다시 꽂은 책 말이야. 그거 아주 재밌다고."

소년의 얼굴에 책이 얼마나 재미있는지 쓰여 있는 듯했어요. 소년의 눈은 꼭 읽어 보라고 말하는 것만 같았죠. 두나는 소년이 골라 준 그 책을 다시 빼 들었어요.

"고마워. 꼭 읽어 볼게."

소년은 활짝 웃었어요. 소년이 웃으니 두나 마음도 밝아지는 것 같았어요. 책을 빌려 나오는데 얼룩말 소년도 다리를 절룩거리며 뒤따라 나왔어요. 두나는 소년이 편하게 나올 수 있게 문고리를 잡고 기다려 주었어요.

"내일 또 보자."

소년이 고맙다는 얼굴을 하며 손을 흔들었어요. 얼룩말이 천천히 계단을 내려가고 있었어요. 소년의 뒷모습을 보며 두나는 두기와 함께 천천히 도서관을 빠져 나왔어요.

"두기, 나 오늘 좋은 공부 했어."

"무슨?"

"남을 배려한다는 게 어떤 건지 말이야. 먼저 그 사람의 마음을 알고 이해하는 것이 얼마나 중요한지 알았어. 내가 그 얼룩말 친구한테 먼저 물어봤더라면 그렇게 함부로 안 대했을 텐데. 난 뭐든지 내 마음대로 '저 사람은 저럴 것이다.' 하고 생각해 버리는 것 같아."

"많은 사람들이 그런 실수를 하지. 그 사람 마음은 생각하지도 않고 행동해서 배려심이라고는 찾아볼 수가 없는 거라고. 그 사람이 지금 어떤 상황인지 물어보고, 한 번 그 사람의 편이 되어 보려고 애쓴다면 배려심은 저절로 생겨날 텐데……."

"그런 뜻에서 너도 나 좀 배려해 봐."

두나는 웃으며 두기한테 말했어요.

"내가 뭘?"

"넌 늘 나를 나쁜 아이로만 생각하면서 바꿔야 한다고만 생각하잖아. 조금 더 나를 생각해 보면 너도 나를 훨씬 더 잘 이해하고 배려하게 될걸?"

"하하, 그런가? 그렇다면 나를 만든 회사에 얘기해야겠는걸?"

두기와 두나는 환하게 웃으며 집으로 돌아갔어요. 두나는 어쩐지 좋았어요. 누군가를 배려한 작은 행동은 생각보다 아주 커다란 기쁨을 안겨 주었어요. 두나는 조금씩 다른 사람의 마음을 생각해 보는 버릇을 길러야겠다고 생각했어요.

배려란?

국어사전에 보면 이렇게 나와요. '누군가를 도와주거나 보살펴 주려고 마음을 쓰는 것.' 이런 마음이 자연스럽게 몸에 배려면 그 사람 마음을 생각해 보는 버릇을 들여야 해요. 자기 생각대로 '그럴 것이다.' 하고 미리 짐작해 버리면 남을 도울 기회도 잃게 돼요.

1. 팔을 다친 친구를 대신해 점심 급식을 받아주는 일.
다른 사람의 입장이 되어 생각해 보면 배려하는 마음이 우러나지요.
나한테는 쉬운 일도 친구한테는 어려운 일일 수 있거든요.

2. 멋진 경치를 구경할 때 키 작은 동생을 앞에 세워 주는 일.
아무리 신 나는 구경도 키 큰 내가 가로막고 있으면 안 보이겠죠?
한 번만 더 생각하면 모두 함께 즐길 수 있어요.

3. 어르신에게 버스 자리를 양보하는 일.
나이 많은 어르신들이 서서 가기 가장 힘들겠지요?
남을 배려하면 괜히 내 기분까지 좋아져요.

4. 재미있다고 게임기를 나만 독차지하지 않는 일.
나한테 재미있는 건 다른 친구들한테도 재미있지요.
자기 욕심을 조금만 줄이면 싸울 일이 없어요.

5. 산에 가서 떠들지 않는 마음.
산에는 많은 동물들이 살고 있어요.
동물들이 좋은 환경에서 살 수 있도록 돕는 것도 아름다운 배려지요.

"두기야, 오늘은 집에 있어. 널 날마다 데리고 갈 수는 없으니까."

두나는 도복으로 갈아입고 여느 때처럼 태권도 도장으로 갔어요. 마침 가던 길에 가게 앞에서 엄마 친구인 상아 이모가 걸어오고 있는 게 보였어요. 두나는 상아 이모한테 아는 척하기가 싫었어요. 어른들을 만나는 건 아주 피곤한 일이거든요.

두나는 고개를 푹 숙이고 못 본 척 옆을 지나갔어요. 하지만 두나를 본 상아 이모는 두나 쪽을 보며 말했어요.

"두나 아니냐? 태권도 가는 거야?"

그 말에 두나는 그냥 앞만 보고 달려갔어요. 이모 말을 못 들은 척했지요. 두나는 숨이 찰 만큼 달리고 또 달렸어요. 도장 앞에 다다르자 마침 아이들을 태운 승합차가 있었어요. 차 문이 열리고 아이들이 우르르 내렸어요.

"얘들아, 조심해!"

아이들은 사범님 말이 안 들리는지 정신없이 도장 안으로 뛰어 들어갔어요. 사범님과 눈이 마주친 두나는 고개를 푹 숙였어요.

"어, 두나 왔네. 두나야, 선생님 좀 도와줄래?"

선생님은 앞자리에서 초콜릿 몇 봉지를 꺼내 건네 주었어요.

"이거 들고 가서 끝나면 아이들한테 좀 나눠 줘. 어제 장을 보러 갔는데 초콜릿을 아주 싸게 팔더라. 너 먹어 봤어? 진짜 맛있어."

"잘 먹겠습니다." 두나는 인사를 하고 초콜릿을 들고 도장 안으로 들어갔어요. 태권도를 하는 재미가 조금씩 붙었어요. 두나는 열심히 해서 차츰차츰 띠 빛깔을 높이고 싶다는 생각이 들었어요. 두기 말대로 무조건 욕심을 낼 것이 아니라, 정말 태권도를 좋아해서 열심히 하다 보면 어느새 파랑, 빨강 띠를 딸 수 있겠죠?

드디어 태권도 시간이 끝났어요.

"두나야, 아까 그거 아이들한테 나눠 줄래?"

두나는 고개를 끄덕이며 아이들한테 초콜릿을 나눠 주었어요.

"사범님이 나눠 먹으라고 사 주신 거야."

아이들은 초콜릿을 받고는 멀뚱멀뚱 그냥 뛰어 가 버렸어요.

"난 초콜릿 안 먹어."

어떤 친구는 받지도 않았지요. 멀리서 선생님은 그냥 웃으며 지켜보았어요. 두나는 얼굴이 화끈거렸어요.

"야!"

두나는 그만 소리를 지르고 말았어요. 나가던 아이들이 멈춰 서서 두나 쪽을 바라보았어요.

"사범님이 우리 생각해서 사 오신 거란 말야. 받으면서 인사도 안 하고, 안 먹는다고 그냥 가 버리고. 너무한 거 아냐! 요즘 애들 정말 버릇이 없다니까!"

뜻하지 않은 두나 행동에 사범님도 아이들도 모두 놀랐어요.

"괜찮아, 두나야. 더 가져갈 사람은 더 가져가도 돼. 내일 보자."

사범님은 무안한 듯 얼른 밖으로 나가셨어요.

가방에 초콜릿을 가득 담아 집으로 돌아오는데, 자꾸만 큭큭 웃음이 터져 나왔어요. 며칠 전에 일하러 오신 고슴도치 할머니한테 자기도 버릇없이 굴었으니까요. 그뿐인가요? 거리에서 만난 상아 이모한테는 인사도 안 하고 달아나 버렸지요.

집에 돌아와 이 이야기를 하자 두기도 웃었어요.

"하하. 이제 너도 조금 전 네 친구들처럼 얼마나 예의 없는 아이였는지 알겠지? 네가 또 예의를 안 지키면 내가 '삐'하고 경고음을 울릴 거야. 알았지?"

두기는 두 팔을 들고는 으름장을 놓았어요.

"알았어, 알았다고."

두나도 고개를 끄덕였어요.

"두기야, 그런데 예의가 뭘까?"

두기는 단추를 눌러 예의의 뜻을 찾아보았어요.

"예의는 사람을 귀하게 여기는 마음이야. 사람의 말 한마디, 작은 생각 하나 허투루 생각하지 않는 거지. 그건 어느 한 쪽만 지킨다고 해서 되는 게 아냐. 서로 예의를 갖춰야 해. 나이 많은 사람은 어린 사람한테, 나이 어린 사람은 나이 많은 사람한테, 그리고 친구들 사이에서도 예의를 지켜야 해. 예의를 갖춰 남을 대해야 나도 대접을 받을 수 있는 거야."

두나야말로 이 동네에서 버릇없는 아이로 이름났어요. 선생님이 종례 시간에 무얼 말씀하셔도 듣는 둥 마는 둥 했지요. 생각해 보면 엄마한테도 그런 딸이었어요. 엄마한테 전화라도 오면 자기 할 말만 하고 끊어 버리고, 친구들이 듣기 싫은 소리를 하면 그 앞에서 똑같이 싫은 소리를 해 주었지요. 모든 건 두나한테로 고스란히 돌아왔어요. 마침 엄마한테서 전화가 왔어요.

"두나야, 잘 있지?"
"응, 엄마, 나 혼자 뭐든지 잘할 수 있으니까 걱정 마세요."
"목소리만 들어도 우리 두나가 많이 의젓해진 것 같은걸? 엄마가 든든하구나. 마음놓고 일할 수 있겠어."

두나는 엄마하고 전화하는 동안 울음이 날 것만 같았어요. 옛날처럼 먼저 화를 내며 전화를 끊는 일도 없어졌어요. 엄마한테도 예의를 갖추어야 하는 건 당연한 거니까요. 엄마가 전화를 끊는 소리

사람과 사람 사이 67

를 듣고 나서야 두나는 천천히 전화 수화기를 내려 놓았어요. 두나는 자기가 썩 괜찮은 아이가 되어 간다는 생각이 들어 기분이 좋아졌어요.

위인들이 말하는 예의

몽테뉴: 예의는 반드시 알아야 해요. 품위와 아름다움처럼 예의는 사람을 끌리게 만든답니다.

괴테: 진심 어린 예의는 사랑에 가까운 마음이에요. 그 사람을 존중하는 마음에서 참다운 예의가 나오니까요.

이럴 땐 꼭 예의를 지키자!

· 어른들이 말씀하실 때 공손하게 잘 듣자.
· 친구들끼리도 물건을 마구 던지지 말고 손으로 전해 주자.
· 공공장소에서는 떠들지 말고 조용히 하자.
· 인터넷에서 내 얼굴이 안 보인다고 함부로 나쁜 말을 하지 말자.

믿음

두기는 저녁 때부터 자꾸 몸에 있는 단추를 이것저것 막 눌러 댔어요. 뭔가 부지런히 일을 하는 것만 같았지요.

"너 오늘 이상하다. 도대체 뭘 하는 거야?"

"응, 그냥 스스로 기계 장치를 진단하는 건데, 조금 놀랄 일이 있어서 말이야."

"뭐가?"

두나는 잔뜩 호기심 어린 눈으로 두기를 바라보았어요. 두기가 무슨 말을 할지 궁금해서 견딜 수가 없었지요.

"네가 속도가 빨라서 혹시 기계 장치에 문제가 생겼나 싶어서."

"속도가 빠르다니, 그게 무슨 소리야? 좀 알아듣게 얘기해 봐."

그제야 두기는 어깨를 으스대며 말했어요.

"내 몸에는 사람이 바뀌는 속도가 정해져 있어. 그런데 두나 네가 바뀌는 속도가 너무 빨라서 말이야. 너무 빨리 초록빛 불이 들어오고 있으니까, 혹시 내 몸에 이상이 생겼나 하고 말이야."

"그러니까 뭐야, 내가 훨씬 빠른 속도로 괜찮은 아이가 돼 가고 있다는 말이야?"

두기는 고개를 두 번 까딱거렸어요. 두나는 기분이 좋았어요. 어찌 됐든 조금이라도 자기가 나은 사람이 돼 가고 있다는 건 즐거운 일이니까요. 하지만 두기 말대로 기계에 이상이 생긴 걸까요?

"도대체 그 까닭이 뭘까?"

사람과 사람 사이

두나도 정말 궁금했어요. 하지만 두나는 그 곧 까닭을 알 수 있었어요. 두기가 두나한테 이런 말을 들려주었거든요.
　"두나야, 난 믿음의 위대함을 본 것 같아. 언제였더라? 난 문득 이런 생각을 했지. 어쩌면 넌 내가 생각하는 것보다 그렇게 나쁜 아이가 아닐 거라고 말이야. 가끔 말썽을 부리긴 하지만 너는 내가 가르쳐야 할 만큼 못된 아이도, 버릇없는 아이도 아니라고. 다만 네 속에 있던 좋은 점이 나타날 수 있게 끄집어 내 주면 된다고. 그런 생각이 들던 때부터 이상하게 넌 아주 빠르게 좋은 모습을 보여 주었어. 믿음은 그런 거야. 우리가 생각하는 것보다 훨씬 크고 빠르게 달라지게 하는 힘이 있지."

12월 21일 수요일

두기가 온 다음부터 조금씩 행복해지는 느낌이 든다. 두기가 내 옆에 있고, 사랑하는 엄마가 있고, 우리 집 일을 잘 돌봐 주시는 할머니가 있으니까. 세상에는 나 혼자뿐이라고 생각했는데, 요즘은 친구들과도 조금씩 친해지고 있어 기분이 좋다. 언젠가 고슴도치 할머니가 해 주시던 말이 생각난다. 할머니는 그때 아주 수줍게 말씀하셨다.

"난 네가 버릇없는 아이라는 생각을 하고 있었단다. 하지만 그런 생각은 아주 나쁜 거였어. 두나는 보면 볼수록 사랑스러워. 너한테 잠깐이나마 나쁜 생각을 품었던 걸 용서하렴. 너는 나쁜 아이가 아냐. 그저 외로운 아이지."

나는 사실 그때부터 할머니의 한마디가 자꾸 귀에 맴돌았다. 그래서 조금씩 나도 괜찮은 아이라는 믿음이 생긴 것 같다. 두기는 그런 내 마음을 잘 알아주었다. 신기하다. 누군가가 나를 그렇게 믿어 주면 내가 그 사람이 되고 싶게 만드는 힘이 생긴다.

용기

"방학인데 뭐 재미있는 일 없을까?"

두나는 엄마가 안 계신 틈을 타 뭔가 신 나는 일을 해 보고 싶었어요. 엄마가 알면 절대로 못하게 할 일을 이참에 해 봐야겠다고 생각했지요.

"두기야, 엄마 오시기 전에 우리 뭐 할까?"

두기는 고개를 빙그르르 돌리기만 했어요.

"난 말 안 듣는 아이를 도와주는 로봇이지 노는 건 잘 몰라."

두나는 곰곰이 생각하다 갑자기 뭔가 번쩍 떠올랐는지 손뼉을 탁 쳤어요.

"맞다. 우리 눈꽃 열차 타자. 눈 내리는 날 타면 정말 멋지대. 나 꼭 기차 여행 해 보고 싶었거든."

"난 안 되는데. 잘못하다 눈을 많이 맞으면 문제가 생길 수도 있거든."

두기는 두려운 얼굴로 말했어요. 하지만 두나는 벌써 여행이라도 떠난 듯 설레는 얼굴이었지요.

"괜찮아. 내가 지켜 줄게. 어차피 기차 안에 오래 있을 테니까 아무 일 없을 거야. 나만 믿어. 알았지?"

마침 텔레비전에서는 눈이 많이 올 거라는 일기예보가 나오고 있었어요. 두나는 잠깐 망설였지만 두기 손을 잡고 밖을 나갔어요.

"오늘 우리는 정말 잊을 수 없는 여행을 하게 될 거야. 용기를 내 보자! 난 자꾸만 동화 속에 나오는 탐험가가 된 것 같다니까. 야호, 신 난다!"

들뜬 마음은 버스 정류장으로 걸어가면서 금세 사라지고 말았어요. 막상 집을 나서니 두나는 두렵기만 했어요. 자꾸만 나쁜 일이 생길 것 같았거든요.

'난 할 수 있어. 할 수 있어……'

두나는 마음속으로 주문을 외웠지만 소용없었어요. 갈수록 풀이 죽었지요.

"두나야, 왜 그래? 금세 용기가 사라진 거야?"

"아냐, 아냐."

두기 말에 두나는 괜히 발끈해서 더 오기를 부렸어요. 이대로 그만둘 수 없다는 생각이 들었으니까요. 정류장으로 가던 길이었어요. 두나는 같은 반 친구 영우가 저쪽에서 걸어오는 걸 보았어요. 두나는 갑자기 가슴이 콩닥콩닥 뛰었어요.

"두나야, 어디 가?"

두나를 본 영우는 반갑게 인사를 건넸어요. 두나는 영우 눈을 잘 보지도 못하고 가볍게 대꾸했어요.

"어, 그냥 엄마 심부름……."

영우와 헤어지고 두나와 두기는 버스 정류장에서 기차역으로 가는 버스를 기다렸어요. 두기가 자꾸만 크크 웃었어요.

"너 왜 그래?"

두나는 뚱한 얼굴로 두기를 보며 말했어요.

"너 아까 그 친구 좋아하지?"

"뭐라고?"

"네 눈빛을 보니 다 알겠던걸 뭐. 그런데 왜 그동안 친구한테는 관심도 없는 척했어?"

"아무 것도 모르면서 함부로 말하지 마. 난 영우한테 마음 없어."

"피이, 거짓말. 관심도 없으면서 그 친구 눈도 제대로 못 보고 수줍어하냐? 여태 내가 보던 두나와는 전혀 다르던데? 그렇게 좋으면 함께 놀러가자고 말해 보지. 친구 하자고 왜 말을 못해?"

두기는 마치 두나 마음속을 훤히 들여다보고 있는 듯 말했어요. 두나는 두기 말에 오히려 화를 내며 대꾸했어요.

"너 자꾸 내 일에 쓸데없이 끼어들래? 너 그딴 소리 아이들한테 하면 가만 안 둘 거야!"

두나는 어느 때보다 신경질을 부렸어요. 두기는 안타까웠어요.

"에이 바보. 좋으면 좋다고 그냥 말하면 될걸. 친구 하고 싶으면 친구 하고 싶다고 말하면 되지, 뭐 그렇게 어려워? 넌 진짜 용기가 뭔지 모르지?"

두나는 두기가 또 무슨 이야기를 하려고 저러나 두기 얼굴을 뚫어지게 바라보았어요. 두기의 긴 이야기가 이어졌어요.

"안 타 보던 기차를 타 보고 모험을 하는 게 용기의 전부가 아냐. 용기란 자기가 잘하지 못하는 것, 부끄러운 것, 그런 걸 이겨 내서 행동에 옮겨 보는 거라고! 학교에서 당당하게 손들어 발표하는 것, 친구한테 내 마음을 솔직하게 털어놓는 것, 그런 거야말로 정말 대단한 용기라는 걸 몰라? 그런 걸 힘들어하면 그보다 더 어려운 것들은 어떻게 하려고 그래? 두나야, 진짜 용기를 내 봐."

'그런 것도 용기일까?'

두나는 두기 말에 내내 혼란스러웠어요. 용기라는 건 전쟁터에 나가는 장군들이나 갖고 있는 용맹함 같은 것이라고 생각했어요. 하지만 자기가 할 수 없는 것, 아니 자신한테 없는 것을 해내려고 하는 마음이라고 생각하니 두나도 자꾸만 용기를 내 보고 싶은 생각이 들었지요.

"두기야, 나도 내 마음을 영우한테 전해 볼까? 영우가 인기가 많아서 내가 친구 하자고 말하면 웃을 거야. 난 창피만 당할까 봐 두려워."

"우아, 이렇게 빨리 네가 용기를 낼 줄은 몰랐는걸? 그래 바로 그거야!"

두나는 마침 며칠 뒤면 다가오는 크리스마스가 떠올랐어요. 여행을 가기 전에 영우한테 카드를 써야겠다는 생각이 들었어요. 두나는 문방구에 가서 카드를 샀어요.

멋진 산타할아버지가 썰매를 끄는 입체 카드였어요. 그리고 새로 나온 딱지도 한 벌 샀어요.

"딱지는 뭐하게?"

"응. 선물로 줄 거야. 영우가 이 딱지를 아주 좋아하거든."

"그러고 보니 영우를 잘 알고 있네? 여태 시치미를 뚝 뗀 거야?"

두나는 여느 때보다 밝아 보였어요. 두기는 그런 두나 모습을 보자 덩달아 기분이 좋아졌어요.

두나는 두기가 볼까 봐 손으로 가리고 편지를 썼어요.

"보면 안 돼. 알았지?"

'두나는 영우한테 대체 뭐라고 썼을까?'

두기도 궁금했지만 두나와 한 약속을 지켜 주기로 했어요.

두나와 두기는 영우 집으로 갔어요. 영우 집 우편함에 카드를 넣고 가기로 했거든요. 아파트 단지를 몇 동 지나 겨우 영우 집에 다다랐어요. 두기는 손을 들어 응원을 해 주었어요. 두나는 쑥스러운 얼굴로 우편함에 카드를 넣고 왔어요.

"두나야, 뭐라고 썼는지 나한테 살짝 말해 주면 안 돼?"

두나는 웃으며 귓속말로 소곤거렸어요.

"정말? 어이쿠, 못 말려. 누가 무뚝뚝한 두나 아니랄까 봐."

두기는 두나 말에 그만 까르르 웃고 말았어요. 두나는 카드에 이렇게 한 줄 썼대요.

축 성 탄
영우야, 성탄절 즐겁게 보내.
너의 반 친구 두나가.

위인들이 말하는 용기!

 **사디**: 상어를 걱정하는 잠수부는 결코 진주를 만져 보지 못해요.

 **에우리피데스**: 겁쟁이는 위험을 모른 척하지만, 용감한 사람은 위험을 선택합니다.

 **릴케**: 우리가 대단히 낯설고, 특이하고, 이해할 수 없는 것들을 마주하려면 용기가 필요합니다.

 **세네카**: 용기는 우리를 별로 데려가고, 두려움은 죽음으로 데려갑니다.

정직

두나와 두기는 다시 버스 정류장으로 갔어요. 기차역으로 가려면 먼저 버스를 타야 해요. 늘 엄마가 태워 주시기만 해서 버스도 혼자 타 본 적이 거의 없는 두나였지요. 사실 몇 번을 타야 기차역으로 가는지도 몰라요.

'모르면 어른들한테 물어보렴. 언제든 친절하게 알려 주실 거야. 몰라도 할 수 있단다.'

두나는 옛날에 엄마가 해 주던 말이 떠올랐어요. 모른다고 두려워하지 말고 하나씩 차근차근 물어서 시작하면 세상에 못할 일이 없다고 하셨죠. 두나는 마침 길을 지나가는 언니한테 물었어요.

"언니, 기차역으로 가려면 몇 번 버스를 타야 해요?"

언니는 친절하게 번호를 알려 주었어요.

휴, 두나는 가슴을 쓸어내렸어요. 그때 눈이 조금씩 흩날렸어요.

"어이쿠, 눈이다. 어쩌지? 두기야, 얼른 이 안으로 들어와."

두나는 정류장 안으로 뛰어들며 두기한테 손짓했어요. 두기도 긴장한 얼굴로 얼른 두나를 따라 들어갔어요. 마침 저쪽에서 두나가 기다리던 버스가 보였어요.

"잘됐다. 얼른 버스를 타면 괜찮을 거야."

두나는 두기 손을 꼭 잡고 버스에 올랐어요. 하지만 시작부터 고생이었어요. 버스에 올랐는데 동전이 모자란 거예요. 두나는 기사 아저씨가 한눈을 파는 사이에, 동전을 대충 집어넣고 그냥 차에 올랐어요.

건강한 삶을 살려면 꼭 있어야 해!

'어차피 확인도 안 해 볼 거니까 괜찮아.'

두나는 애써 아무렇지도 않은 척 두기와 뒷자리에 나란히 앉았어요. 아저씨는 못 봤는지 아무 말도 안 했어요. 정말 다행이었어요. 하지만 두나는 내내 마음이 불편해 견딜 수가 없었어요.

"두기야, 어쩌면 좋아."

두나는 두기한테 귓속말로 소곤거렸어요. 두기는 깜짝 놀란 얼굴로 어쩔 줄 몰라 했어요.

"거짓은 안 돼. 솔직하게 말하자."

"아저씨도 모르시는 것 같은데 그냥 넘어가면 안 될까? 다음부터 안 그러면 되잖아."

두나는 입을 비쭉 내밀었어요. 하지만 두기는 다시 똑부러지게 말했어요.

"아저씨는 속일 수 있어. 하지만 이 일은 앞으로 언제나 네 마음에 남아서 너를 괴롭힐 거야. 그보다는 용기 있게 너의 잘못을 이야기하는 게 좋을 것 같아."

두나는 이번에도 두기 말을 듣기로 했어요. 이상하게 두기 말을 듣고 나면 그래야만 할 것 같았어요. 두나는 입 안을 빵빵하게 부풀려서는 '후' 하고 한숨을 내쉬었어요. 아저씨가 혼이라도 내면 어떡하나 잔뜩 걱정이 되었어요. 두나는 일어나 기사 아저씨한테 천천히 다가갔어요. 그러고는 사실대로 솔직하게 말했어요.

"저, 아저씨……."

망설이는 두나를 본 아저씨는 웃으며 말했어요.

"에구 다칠라, 손잡이 꼭 잡아. 그런데 무슨 일이지?"

"사실은 아저씨, 제가 버스 탈 때 돈을 적게 냈어요. 잔돈이 있는 줄 알았는데 모자라더라고요. 다음에 버스 탈 때 꼭 나머지 돈을 갖다 드릴게요. 정말이에요. 약속해요. 한 번만 용서해 주세요."

그 말에 아저씨는 웃으며 말했어요.

"넌 아주 정직하고 또 용기 있는 아이구나."

"예에?"

"그렇게 잔돈을 대충 넣고 타는 사람들도 꽤 있어. 하지만 너처럼 솔직하게 말하는 사람은 드물지. 대단해."

"예에?"

"자기 잘못을 말하려면 큰 용기가 필요한 법인데, 대단하다고. 네 말을 믿을 테니 마음 편하게 가. 다음에 버스 타면 꼭 넣어 주렴."

두나는 아저씨 말에 큰 짐을 벗은 듯 홀가분한 생각이 들었어요. 버스에 있는 동안 자꾸만 모든 사람들이 자기 거짓말을 알고 있는 것 같아 내내 불안했거든요. 솔직하게 말하고 나니 얼마나 가벼운지. 게다가 아저씨가 오히려 정직하다고 칭찬까지 해 줘서 무척 기분이 좋았어요.

 마침내 버스는 두나와 두기를 기차역 가까이 정류장에 내려 주었어요.

"잘 가. 정직한 친구."

기사 아저씨는 두나를 보며 웃었어요. 두나도 고개를 꾸벅거리며 말없이 인사했어요.

"우아!"

두나는 큰 기차역을 보자 입이 절로 벌어졌어요. 수많은 사람들이 역 둘레를 바쁘게 오가고 있었어요. 하지만 역 안을 들어선 두나는 이내 자신감이 사라지고 말았어요. 모든 게 낯설고 무서워서 얼른 집으로 돌아가고 싶은 마음뿐이었어요.

"두기야, 나 비웃으면 안 돼. 알았지?"

"무슨 소리야?"

"아무래도 안 되겠어. 그냥 돌아가는 게 좋겠어. 기차를 타고 여행할 자신이 없어. 내가 괜히 큰소리 친 것 같아. 솔직히 혼자 기차를 타고 간다는 게 너무 무서워."

두기는 두나를 보고 빙그레 웃었어요. 사람 마음이라는 건 사실 그런 법이죠.

"그래. 다음에 용기가 생기면 그때 떠나자."

두기와 두나는 다시 오던 길을 돌아 나왔어요. 그런데 하늘에서 갑자기 눈이 엄청나게 내렸어요. 폭설이 내릴 거라던 일기 예보는 정확하게 들어맞았어요.

"너 눈 맞으면 안 되는데……, 두기야, 우리 뛰자."

두나는 두기 손을 잡고 정류장 쪽으로 뛰었어요. 뛰면서 후회가 물밀 듯이 밀려왔어요.

'괜히 가자고 그랬어. 이렇게 돌아올 거면서.'

두나는 말만 앞세우고 아무것도 못한 것이 부끄럽고 속상했어요. 괜히 두기 얼굴 보기가 멋쩍었지요. 게다가 눈이나 비를 맞으면 안 되는 두기를 억지로 끌고 나왔으니 말이에요.

"두기야, 괜찮아?"

"응. 아직은 괜찮아."

둘은 더 빠르게 뛰었어요.

두기는 안 괜찮았어요. 집에 돌아와 보니 두기 몸이 눈에 띄게 둔해졌어요. 아무래도 눈을 많이 맞아 그런 것 같았어요.

"두기야, 이럴 땐 내가 어떡해야 하지?"

두나는 안절부절 어쩔 줄 몰랐어요. 두기는 미래에서 온 로봇이라 어떻게 고쳐야할지 정말 알 수가 없었지요.

"괜찮다니까. 물기가 마르고 나면 괜찮아질 거야."

두나는 마른 수건으로 정성스럽게 두기를 닦아 주었어요. 하지만 조금씩 문제가 나타났어요. 말하는 능력은 여전한데, 움직이는 데 조금씩 문제가 생기는 거예요.

"두기야, 이럴 때는 말 안 듣는 아이가 어떻게 해야 하는 거야?"

두나는 기운이 잔뜩 빠진 목소리로 말했어요.

건강한 삶을 살려면 꼭 있어야 해!

"그게 무슨 말이야?"

"난 일기 예보를 들었으면서도 널 데리고 밖에 나갔잖아. 난 참 무책임한 사람이야. 그치?"

"아니야. 그건 내 책임이기도 해. 왜냐하면 난 끝까지 안 갈 수도 있었는데 너랑 함께 있고 싶어서 따라나선 거니까. 내 의지였어. 네 잘못이 아냐."

두기는 자꾸 미안해하는 두나를 보니 마음이 아팠어요. 두기는 두나를 앉혀 놓고 얘기하고 또 얘기해 주었어요.

"바보, 넌 지금 당장 잘 움직이지도 못하잖아. 두기 네가 만약 이 일로 큰 일이 생긴다면 바로 내 책임이고 내 잘못이야."

두기는 아무 말도 안 했어요. 다만 자기 몸에 아무 이상도 안 생기길 바랄 뿐이었어요.

실패

　조금 뒤, 두나를 힘 빠지게 하는 일이 또 일어났어요. 방학하기 전에 그렇게 엄마를 졸라서 산 물고기가 모두 죽어 있었던 거예요. 엄마 앞에서 잘 키울 자신 있다고 그렇게 큰소리쳤건만, 아무래도 두나가 밥을 많이 준 모양이에요. 죽은 물고기들이 어항에 둥둥 떠 있는 걸 보자 속이 상해 견딜 수가 없었어요. 두나는 갑자기 울음이 터져 나왔어요.

　"앙앙. 난 바보야. 늘 말만 앞서고. 아무것도 제대로 할 줄 아는 게 없어!"

　눈물은 그칠 줄 몰랐어요. 속상한 일들이 한꺼번에 터져 버려 두나를 너무 힘들게 한 거예요. 두나의 약한 모습을 보자 두기는 슬쩍 미안한 마음이 들었어요. 두나는 겉은 강한 척했지만, 속은 마음이 여린 아이라는 걸 두기는 그제야 느꼈어요.

　"두나야, 그건 네가 못나서 그런 게 아냐. 그만한 실수나 실패는 누구나 하는 거라고."

　"아냐. 난 원래 못난 아이였어. 그걸 숨기려고 일부러 센 척한 거야. 물고기 일만 해도 그래. 엄마가 키우기 어렵다고 정말 잘 기를 수 있을 때 키우자고 그랬는데, 내 맘대로 하다가 죽여 버렸잖아. 난 제대로 할 줄 아는 게 하나도 없어!"

　"바보! 넌 이런 실수가 얼마나 소중한 것인지 모르는구나! 실패가 나쁜 것만은 아니야."

　두나는 그 말에 울음을 멈추었어요. 두나는 두기를 말없이 바라보았어요.

그때 마침 전화벨이 울렸어요. 받아 보니 엄마였어요.

"엄마!"

두나는 엄마 목소리를 듣자 더욱 울컥해졌어요. 외롭고 힘들었던 오늘 하루가 정말 영화처럼 스쳐 지나갔어요. 울음 섞인 두나 목소리를 듣고 엄마는 깜짝 놀랐어요.

"두나야, 무슨 일 있어? 목소리가 왜 그래?"

"엄마, 미안해. 물고기도 다 죽고……, 혼자 뭔가 해 보려고 했는데 아무것도 못했어……."

엄마는 아무 말 없이 두나 이야기를 들어 주었어요. 두나 마음이 어떤지 훤히 다 알고 있는 것만 같았지요.

"두나야, 괜찮아, 울지 마. 물고기는 다시 기르면 되지. 뭐 그런 걸로 울어? 세상 사람이 다 그렇게 실패하고 자기가 못나 보여서 속상해하고 그런단다. 엄마는 지금도 그러는걸? 그런 모습이 없다면 사람은 교만해지기만 한단다. 실패가 꼭 나쁜 건만은 아냐."

"정말?"

두나는 눈을 동그랗게 뜨고 말했어요. 엄마와 두기가 똑같은 말을 하니 신기했지요.

"그럼! 실패를 해 봐야 무엇이 잘못되었는지 배울 수 있지. 지혜로운 위인들은 다 실패 속에서 큰 깨달음을 얻었는걸? 너도 오늘 뭘 배웠는지 생각해 볼래?"

엄마 물음에 두나는 곰곰이 생각해 보았어요. 그러고 보니 물고기를 기를 때 밥을 어떻게 주어야 하는지, 물고기 기를 때 알고 있어야 할 것들이 무엇인지 더 정확하게 알 수 있었지요. 그뿐인가요. 자기가 한 일은 자기가 책임져야 하니까 늘 일을 하기 전에 신중해야 한다는 것도 배웠어요. 그랬다면 두기가 아픈 일도 없었겠지요?

두나는 엄마 말이 큰 도움이 됐어요.

'그래, 실패란 꼭 나쁜 것만은 아냐.'

두나는 눈물을 거두고 일기를 썼어요. 그러고는 아픈 두기를 꼭 안고 잠이 들었어요.

위인들의 실패에 얽힌 한마디!

 **몽테뉴**: 승리보다 영광스러운 패배도 있어요.

 **소포클레스**: 속임수로 승리하느니, 차라리 명예로운 패배를 택하겠어.

 **헉슬리**: 패배는 아주 좋은 기회예요. 실패했을 때 오히려 더 중요하고, 실제로 필요한 지혜를 얻는 일이 많으니까요.

 **베토벤**: 내 인생을 봐요. 나는 귀가 안 들리는 고통을 겪었어요. 그 속에서도 많은 곡들을 만들었지요. 고통은 극복하려고 있는 거예요.

12월 22일 목요일

오늘 하루는 정말 실수투성이다.
두기를 끌고 여행을 갔다가 무서워서 되돌아오고,
물고기는 잘 몰라서 모두 죽이고…….
난 왜 이렇게 잘하는 게 없지?
너무 속상해서 그만 울어버리고 말았다.
그런데 엄마도 두기도 같은 이야기를 했다.
세상에 모든 걸 다 잘하는 사람은
하나도 없다고.
실수를 하거나 실패를 하면 거기서
또 배우는 것이 생긴다고.
그러니까 살아가면서 꼭 필요한
거라고.
다음에 물고기를 살 땐 예쁘다고
먹이를 많이 주고 그러지
말아야지.

 다음 날 아침, 두나가 걱정하던 일이 일어나고 말았어요. 두기가 거의 꼼짝도 할 수 없게 된 거예요.

"두기야, 정말 움직이기 힘들어?"

"미안해. 집 안에서만 쓰는 로봇이라 난 날씨에 아주 약해. 내 몸은 내가 스스로 지켰어야 하는 건데."

두기는 두나가 앉혀 준 의자에 앉아 그대로 있었어요. 다른 때 같으면 두나가 아침 상을 차릴 때 거들어 주기라도 했을 텐데……. 두나는 걱정이 돼 견딜 수가 없었어요.

'누가 두기를 고쳐 줄 수 있을까?'

두나의 머릿속은 이 생각 하나로 꽉 차 있었어요. 두나는 불안한 모습으로 거실을 자꾸 이리저리 걸어다녔어요.

'그래 한번 인터넷을 뒤져 봐야겠어. 아무리 미래에서 온 로봇이라고 해도 로봇 박사님들은 벌써 첨단 기술을 알고 있을지도 모르잖아.'

두나는 멍하니 앉아 있는 두기를 보자 눈물이 주룩주룩 흘러내렸어요.

"두기야, 걱정 마. 널 고쳐 줄 수 있는 박사님을 꼭 찾아내고 말 테니까."

"두나야, 울지 마. 네가 우니까 내가 너무 미안하잖아."

두나는 열심히 인터넷 검색을 했어요. 여러 사이트를 들어가 보던 두나는 갑자기 눈이 휘둥그레졌어요.

"세상의 모든 고장난 기계를 고쳐 드립니다."

사이트 대문에 이런 문장이 크게 적혀 있는 거예요. 그곳은 참 특이한 가게였어요. 주인 아저씨는 알고 보니 세상에 모든 기계는 무엇이든 고칠 수 있다고 이름난 사람이었죠. 이제 더는 만들 수 없는 오래된 인공 지능 청소기도 자기가 부품을 만들어서 척척 고쳐 내는 사람이었어요.

그뿐이 아니에요. 어떤 사람은 아끼던 로봇 강아지도 여기서 고쳤다며 칭찬의 말을 잔뜩 올려 놓았어요. 두나는 뛸 듯이 기뻤어요. 로봇 강아지를 고친 솜씨라면 두기도 고칠 수 있을 거라는 희망이 생겼지요.

"두기, 좀 답답하겠지만 조금만 참아. 알았지?"

두나는 처음 두기가 배달되어 왔던 박스에 두기를 담아 그 가게로 달려갔어요. 두나는 가게로 가면서 마음속으로 기도했어요.

"하느님, 이제부터 정말 착한 아이가 될게요. 괜히 엄마한테 투정 부리고 친구들한테 못되게 안 굴게요. 정말이에요. 그러니까 제발, 제 친구 두기만 다시 건강하게 해 주세요. 두기가 저 때문에 많이 아파요. 제가 고집을 부렸거든요. 엉엉."

아저씨 가게는 다행히 두나 집에서 가까운 곳에 있었어요.

"아저씨, 정말 뭐든지 고칠 수 있는 거죠? 그렇죠?"

두나는 숨을 헐떡거리며 상자를 열었어요. 아저씨는 두나 얼굴만 뚫어지게 바라보았어요.

"도대체 그 상자 안에는 뭐가 들어 있는 거냐?"

두나는 두기를 꺼내 아저씨한테 보여 주었어요. 두기의 말하는 능력은 여전히 살아 있었어요.

"안녕하세요, 아저씨."

두기는 아저씨를 보고 인사했어요. 사람처럼 인사하는 로봇을 보고 아저씨는 깜짝 놀랐어요.

"여태 이렇게 말을 잘하는 로봇은 처음 보는구나. 멀쩡한 것 같은데 어디가 고장났다는 거야?"

두나는 찬찬히 말했어요.

"아저씨, 얘는 내 친구 두기예요. 두기는 그냥 흔해 빠진 기계나 로봇이 아니라고요. 이 친구는 말도 하고 날 감동시키는 정말 좋은 친구예요. 두기가 없으면 전 다시 예전의 고약하고 심술궂은 아이로 돌아갈지도 몰라요. 아저씨 꼭 살려 주세요. 제가 괜히 밖에 데리고 나갔다가 몸이 잘 안 움직여요. 다시 두기랑 게임도 하고 장난도 치고 싶다고요."

아저씨는 아주 방긋 웃으며 말했어요.

"애야, 이 로봇이 너한테 얼마나 소중한지 충분히 알았으니 잠깐만 밖에서 기다릴래? 몸을 뜯어서 안을 들여다봐야 하는데 너는 안 보는 게 좋겠다. 그리고 한눈에 봐도 아주 특수한 로봇이라 시간이 걸릴지도 모르겠어."

정말 얼마나 시간이 흘렀을까요. 두나는 기도를 하다 깜빡 잠이 들 만큼 두기 수술은 오랫동안 이루어졌어요. 하지만 몇 시간 뒤에 두기를 데리고 온 아저씨의 얼굴이 어두웠어요.

"두나야, 정말 미안하구나. 나로서는 손쓸 길이 없구나. 도대체 이 로봇은 어디서 만든 거냐? 웬만한 기술로는 고칠 수가 없어. 게다가 더 이상 로봇이 안 움직이는구나. 조립을 해체하자마자 갑자기 모든 기능이 떨어졌어. 어떡……, 하지?"

아저씨는 미안한 듯 두나를 보며 말했어요. 두나는 하늘이 무너지는 것만 같았어요.

정말 두기는 더는 말도 못했어요. 전원을 켜기 전 인형처럼 택배 상자에 들어 있던 처음 모습과 똑같았지요.

"그럴 리가 없어요. 그럴 리가……, 말은 할 줄 알았다고요!"

두나는 떨리는 손으로 전원 단추를 눌렀어요. 하지만 이미 작동이 멈춘 지 오래된 듯 소용없었어요. 아저씨는 연신 땀을 뻘뻘 흘렸어요. 두기를 더 망쳐 놓았으니 어찌 해야 할지 몰랐어요.

"몰라요, 몰라! 살려 내요! 우리 두기 살려 내란 말이에요! 흑흑."

물론 두나도 알아요. 아저씨도 애쓰다가 그렇게 됐다는 사실을 말이에요.

"여기 두고 가렴. 내가 다시 한 번 밤을 새워서 고쳐볼 테니."

두나는 고개를 저었어요. 인형이 돼 버린 두기를 여기에 그냥 두고 갈 수는 없었어요.

두나는 두기를 안고 집으로 돌아왔어요. 너무 울어서 눈이 퉁퉁 부어 버렸지요.

'미안해 두기, 정말 미안해……, 내가 괜히 나가자고 그래서 이렇게 됐어.'

두나는 두기가 무척 보고 싶었어요. 두기와 대화할 때 얼마나 행복했는지, 함께 있던 시간들이 자꾸만 떠올랐어요.

'두기야, 너랑 이야기하고 싶어. 설마 이 슬픔이 끊임없이 이어지는 건 아니겠지? 꼭 널 고칠 거야. 널 절대 잃어버리지 않을 거야.'

두나는 슬픔 속에서 비로소 두기의 소중함을 깨달았어요.

위인들의 슬픔에 얽힌 한마디!

 **지로두**: 큰 슬픔 속에는 언제나 위로와 행복을 되찾을 수 있는 씨앗이 들어 있어요. 슬픔은 아침의 날개를 타고 날아갑니다. 그러니까 그렇게 오래 안 갈 거예요. 빛은 어둠의 심장에서 솟는 법, 우리 기쁨도 어두운 슬픔 속에서 꼭 솟아날 거예요.

 **발자크**: 그럼요. 성공의 비결은 좌절하지 않고 이겨 내는 데 있어요. 아주 사소한 실수, 실패, 고통. 이런 것들을 이겨 내야만 성공할 수 있어요.

 두나는 집에 돌아오자마자 설명서를 다시 읽어 보았어요. 무슨 말인지 알아듣기 힘든 말들이 많았지만, 다시 읽고 또 읽었어요.

'이럴 때 누군가가 곁에 있다면 얼마나 좋을까.'

두나는 문득 혼자라는 사실에 모든 것이 그립고 힘이 들었어요. 엄마가 옆에 있었다면 큰 힘이 됐을 텐데, 할머니가 옆에 있었다면 이렇게까지는 안 슬플 텐데, 방학이 아니라면 선생님과 친구들한테 도와 달라고 할 수도 있을 텐데…….

두나는 혼자 무언가를 겪어 내야 하는 일이 얼마나 어려운 일인지 깨달았어요. 하지만 투정을 부리고 있을 시간이 없었어요. 두나는 지금 당장 어떻게든 두기를 다시 살려내야만 하니까요.

'난 할 수 있어. 그래, 설명서를 처음부터 끝까지 다시 꼼꼼히 읽어 보면 해답이 있을 거야.'

몇 시간이 흘렀을까요. 두나는 사용 설명서에 적힌 대로 다시 해 보고 또 해 보았어요. 하지만 두기는 그대로였어요.

"내 고집이 이렇게 엄청난 일을 벌일 줄은 몰랐어. 왜 늘 일을 저지르고 나서야 후회하는 걸까."

두나는 아무 말도 못하는 두기를 보니 눈물이 났어요. 하지만 지금은 모든 걸 견뎌 내야 해요. 엄마가 일을 마치고 돌아오기를 기다려야 하고, 두나가 바뀌고 철 들려면 더 많은 시간을 기다려야 하지요. 그리고 두기를 움직이게 하려면, 힘들어도 자꾸 작동해 보면서 맞는 방법을 찾을 때까지 기다려야 하고요. 하지만 아무리 애를 써 봐도 소용없었어요.

"이런 엉터리!"

두나는 화가 나서 사용 설명서를 집어 던지고 말았어요.

"이까짓 일로 금세 병이 나는 로봇을 만들어 보내다니."

두나는 다시 달려가 사용 설명서를 집어 들었어요. 할 수 있는 방법을 다시 찾아봐야 하니까요.

인내하려면 생각해야 하는 것들!

무언가를 참고 기다리려면 목적이 있어야 해요. 더 높은 가치를 찾으려고 우리는 참고 기다리는 것이니까요.

 **고시생**: 더 나은 미래를 보며 난 지금 놀고 싶은 마음을 꾹 참고 공부하고 있어.

 **아픈 아이**: 난 옛날처럼 다시 건강해지려고 지금 아픈 주사도 거뜬히 잘 참아 내고 있어.

 **마라토너**: 날마다 달리기 연습 하는 것은 너무 힘들어요. 하지만 마라톤 대회를 생각하면서 조금씩 이 어려움을 이기고 있어요. 우리의 노력을 가치 있게 만드는 것은 결과가 아닌 과정이니까요. 인내는 어려운 일을 헤쳐 나가는 힘이지요.

희망

두나는 두기를 안고 깜빡 잠이 들었어요. 아주 잠깐 꿈도 꾸었어요. 꿈속에서 두기는 예전처럼 몸이 나아서 두나랑 아주 즐거운 대화를 나누고 있었어요. 두나가 잘못을 할 때마다 좋은 말로 위로도 해 주고 말이에요. 미처 다 보지 못했던 미래의 두나도 보았지요.

"두기……."

하지만 눈을 떠 보니 둘레는 어두컴컴했어요. 아무것도 달라진 것이 없었죠. 두기는 인형처럼 두나 품 속에 안겨 있었고요. 짧은 꿈이었지만 정말 달콤했어요. 꿈이 아니었다면 좋았을 텐데…….

"두기야, 아직 네가 할 일이 있으니 제발 눈을 떠 봐. 난 아직 네가 필요 없을 만큼 괜찮은 아이가 못 된단 말이야!"

두나 눈물이 볼을 타고 주르륵 흘러내렸어요. 흘러내린 눈물은 두기 머리와 목과 팔에 뚝 떨어져 미끄러졌어요.

그때였어요. 두기의 초록빛 충전소가 깜박거리더니 조금씩 불이 들어왔어요.

"어, 두기야!"

"휴."

길게 한숨을 쉬던 두기는 천천히 눈을 떴어요.

"두나야, 안녕."

"아니 두기야, 어떻게 된 거야? 이제 괜찮은 거야?"

깨어난 두기를 보자 두나는 행복했어요. 두기는 자기 팔에 들어온 희망 충전소 불빛을 보고는 깜짝 놀란 얼굴이었어요.

"이거 봐. 희망 충전소에 불이 꽉 차게 들어 왔어. 네 마음이 드디어 에너지를 다 채운 거야."

"정말?"

두나는 뛸 듯이 기뻤어요. 다시 두기와 이야기를 나눌 수 있다는 게 안 믿어졌어요.

"두기야, 오른팔을 들어 봐. 다리도 움직여 보고. 얼른."

두기는 두나 말대로 오른팔을 번쩍 들었어요. 다리도 까딱까딱 움직여 보였어요. 아주 멀쩡했어요. 어떻게 이런 일이 눈 깜짝할 사이에 일어난 걸까요?

"난 믿었어. 두기 네가 반드시 깨어날 거라고. 어쩐지 앞으로 즐거운 일을 많이 만들어 낼 수 있을 것 같은 희망이 생겨."

"두나야, 희망은 그런 거야. 슬픔 속에서도 밝은 생각을 안 잃어버리는 것. 그게 날 살린 것이기도 해. 고마워……, 하지만 이 불이 빨리 들어올수록 난 할 일이 없어지지. 이제 얼마든지 네가 많은 친구들과 더불어 웃으며 지낼 수 있다는 뜻이니까. 잊지 마. 난 널 도우려고 잠깐 먼 미래에서 온 로봇이라는 것을 말이야."

두나는 두기 말을 못 알아챘어요. 지금은 그저 두기가 깨어난 것을 기뻐하고만 싶었어요.

12월 23일 금요일

야호!
두기야, 깨어나서 무척 기뻐.
오늘은 너한테 쓰는 편지로 일기를 쓸 거야.
난 지금 행복해서 견딜 수가 없어.
네가 안 깨어났으면 나는 정말 평생 울면서 살았을지도 몰라.
언젠가 네가 나한테 했던 말 기억나?
"두나야, 희망은 작은 기적들을 만들어 낸단다. 간절히 바라면 정말 꿈이 이루어지거든."
내가 그래서 얼마나 열심히 기도하고 또 기도했는 줄 알아?
정말 네가 다시 깨어나게 해 달라고 온 힘을 모아 기도했어.
정말 내 소망을 하느님이 들었나 봐. 앞으로는 하느님이 보기에 조금 더 착한 아이로 살아갈 생각이야.
언젠가 엄마가 형편없이 떨어진 내 성적을 보고도 꾸지람을 안 한 적이 있어. 그때
정말 하늘을 날 것 같았거든.
오늘은 바로 그때만큼
행복한 날이었단다.

토요일 우정·효도·사랑

세상을 아름답게 하는 것

우정 고슴도치 할머니가 다시 왔어요. 오늘은 두나한테 더없이 행복한 날이에요. 두기는 기적처럼 나았고, 내일이면 엄마가 출장에서 돌아와요. 게다가 오늘은 크리스마스 이브. 모든 것이 완벽한 날이죠.

"엄마가 오시면 깜짝 놀랄 만큼 집 안을 깨끗하게 해 놓자꾸나."

할머니는 두나와 함께 청소했어요. 두나는 어느 때보다 싱글벙글 열심히 했어요. 게다가 더는 로봇 두기와 티격태격하는 모습도 볼 수 없었어요. 할머니는 며칠 새 두나가 바뀐 듯해서 이상했어요.

"어쩐 일이야? 오늘은 두기와 한 번도 말다툼을 안 하다니. 오히려 친하니까 서운한걸?"

할머니는 까르르 웃었어요. 할머니 말을 듣고 보니 두나도 참 신기하다는 생각이 들었어요. 할머니가 오셨던 월요일만 해도 두기와 그렇게 티격태격했는데 말이에요.

"서로 싸우면서 친구가 되는가 봐요. 처음엔 두기가 정말 얄미웠는데 이제는 두기가 정말 좋아요."

두나가 자기 방 휴지통을 비우며 말했어요. 좋다는 말을 서슴없이 하는 두나의 행동에 할머니와 두기는 깜짝 놀랐어요. 할머니는 두기를 보며 웃었어요.

"두기 네가 대단한 일을 했구나. 두나가 저렇게 말을 많이 하는 것도 처음이지. 두나는 늘 방에 처박혀 책을 읽거나 게임만 하는 아이였거든."

두나는 그동안 책 속에서 많은 친구들을 만났어요. 그리고 게임 하면서 온라인 속에 얼굴도 모르는 많은 친구들을 만나고 있었어요. 하지만 그 친구들은 삶 속에서 만나는 친구들과는 달랐어요. 그들은 두나를 잘 알지도 못할뿐더러 두나와 삶을 나누지는 못하지요. 그때였어요.

"딩동!"

벨이 울렸어요.

"누구세요?"

한참이나 지났는데도 아무 소리도 안 들렸어요. 할머니는 조심스레 문을 열었어요. 문 앞에는 이상한 편지 한 통이 놓여 있었어요. 편지 겉봉에는 우표도 안 붙어 있고, 어디서 보냈는지도 안 적혀 있었지요.

"이게 뭐지? 광고지인가?"

두나와 할머니는 이상하다는 얼굴로 조심스레 편지를 뜯어 보았어요.

미래에서 온 편지였어요. 할머니와 두나는 편지를 읽고선 말문이

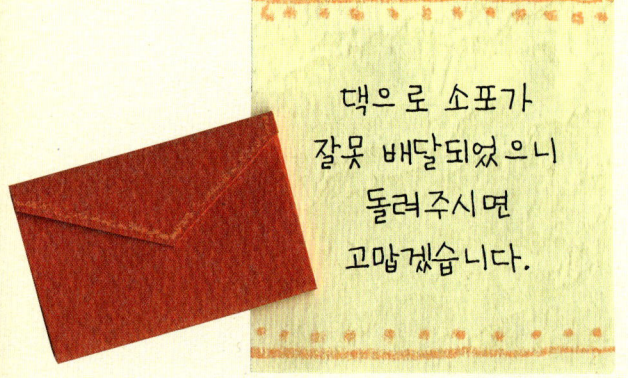

막혔어요. 그건 한마디로 두기를 돌려 달라는 이야기였죠. 두나는 아무 말도 할 수가 없었어요.

"내가 떠날 때가 왔구나."

두기도 조용히 한마디 내뱉었어요.

"두기야, 그럼 우리 미래에 다시 만날 수 있는 거야?"

"아마도."

두나는 울음을 터뜨렸어요. 두기는 두나를 두고 어떻게 가야할지 벌써부터 걱정이 되었어요. 두기도 어린 두나한테 정이 많이 들었거든요. 두기는 두나한테 무슨 말을 들려줘야 할지 망설였어요.

"두나야, 나랑 놀고 이야기하던 것처럼 친구들과도 그렇게 하면 돼. 지금 너는 네 옆에 있는 친구들이 얼마나 소중한 사람인지 잘 몰라."

"몰라. 난 널 안 보내 줄 거야."

두나는 두기가 떠난다는 걸 떠올리기도 싫었어요. 할머니는 두나를 걱정스러운 듯 꼭 안아 주었어요. 두기도 울먹이는 듯하면서도 애써 아무 일 없던 것처럼 말했어요.

"지금 네 둘레의 친구들을 잘 봐. 모두 소중한 어린 시절을 함께 나눌 친구들이야. 추억을 함께 만들어 갈 거라고. 얼마나 대단한 인연으로 만난 사람들이야.

지난 날 함께 꿈을 키우며 자란 친구들, 함께 놀고 비슷한 생각을 하며 지낸 친구들은 세상에서 식구들 만큼 중요한 사람들이란다. 우정은 그런 거야……. 내가 친구를 닮아가고, 친구가 나를 닮아가면서 그 사람을 조금씩 만들어 나가는 것. 우리가 함께 했던 한 주도 아마 잊을 수 없는 우정으로 남을 거야. 실러라는 사람이 말했지. 친구는 기쁨을 두 배로 만들고, 슬픔은 반으로 줄인다고."

효도

"두나야, 내일 엄마가 오신다니까 마지막으로 이걸 보여 줄게. 이건 그동안 아껴 두었던 영상인데……."

두나가 어른이 되어 딸한테 보내는 영상 편지였어요.

어른이 된 두나는 지금보다 훨씬 키도 크고 의젓해 보였어요. 지금의 두나 엄마와 많이 닮아 있었죠. 두나는 무뚝뚝하기로 이름난 자기가 미래의 딸한테 편지를 썼다는 게 놀라웠어요. 게다가 편지는 무척 따뜻하고 자상한 내용으로 가득했어요. 영상 속에서 미래의 두나는 햇볕이 잘 드는 마당 의자에 앉아 손을 흔들며 이야기했어요.

사랑하는 내 딸, 안녕?
영상 편지를 보내려니 쑥스럽네.
그동안 엄마가 일하느라 너랑 함께 있어 주지 못해 정말 미안해.
네가 불만이 많다는 것도 알고 있어. 엄마가 어릴 때도 너처럼
그랬으니까 말이야. 시간이 흐르고 커서 엄마가 되어 보니 알겠어.
마음은 언제나 너와 함께 있고, 기도할 때마다 너를 떠올린단다.
살다가 보면 어쩔 수 없이 혼자 견뎌야 하는 시간들도 있단다.
그걸 견디게 하는 힘은 서로한테 가장 소중한 사람이라는 사실을
믿는 거야. 엄마와 아빠가 널 정말 사랑하는 거 알지?
우리 딸이 멋진 한 사람으로 커 주는 게 엄마 아빠한테는
가장 큰 선물이야. 그보다 더 큰 효도는 없을 거야.
언제나 밝게 웃고 힘내라, 우리 딸!

늦은 밤 엄마가 긴 출장에서 돌아왔어요. 내일 아침에 온다고 했는데 갑자기 조금 일찍 돌아온 거예요.

"엄마!"

두나는 무척 반가워서 달려가 엄마를 꼭 끌어안아 주었어요.

"아이고, 무뚝뚝 대마왕께서 오늘 어쩐 일이야? 엄마를 이렇게 반겨 주고?"

엄마는 기분이 좋은지 두나 뺨에 얼굴을 비비며 엉덩이를 토닥거려 주었어요.

"엄마 없이도 잘 지냈지, 우리 딸?"

두나는 울컥하는 마음이 들었어요. '우리 딸'이라는 말이 그 어느 때보다 정겹게 들렸거든요. 엄마는 지금까지 일하다 오셨는지 땀 냄새가 났어요. 건설 현장에서 일하는 거라 땀이 많은 엄마는 겨울에도 이렇게 땀 냄새가 나곤 해요.

"엄마, 이리 앉아 봐요."

두나는 물수건으로 엄마 손을 닦아 주었어요.

"우리 딸이 오늘 왜 이러지? 이상하네. 기특한 생각도 다 할 줄 알고 말이야."

"여자 손이 이게 뭐야?"

두나는 웃으며 손을 닦아 주었어요. 엄마도 웃음을 지었어요. 엄마는 한 주 동안 피곤했던 일이 눈 녹듯 사라지는 것 같았어요.

그걸 지켜보고 있던 두기도 옆에서 빙그레 웃었어요. 이상한 로봇을 본 엄마는 깜짝 놀랐어요.

"아니 그런데 이건 뭐야?"

"내 친구 두기야 엄마. 한 주 동안 두기가 있어서 하나도 안 심심했어."

"아니, 이렇게 멋진 친구를 어디서 났어? 안녕, 두기."

엄마도 손을 내밀었어요. 두기는 엄마 손을 잡아 주었어요.

"안녕하세요. 제 이름은 두기예요."

"두기 덕분인가? 이번에 우리 두나랑 통화하는데 목소리가 다른 때보다 훨씬 밝더라. 우리 두나는 엄마가 출장 가는 걸 세상에서 가장 싫어하거든. 전화 걸 때마다 두나가 어찌나 퉁명스럽게 받는지 밖에서 전화할 땐 늘 조마조마하단다."

엄마는 빙긋 웃으며 말했어요.

"두나 걱정은 안 하셔도 돼요. 두나는 자기 일을 척척 잘하고 있어요. 게다가 엄마 생각을 많이 해요."

"음……, 도대체 나 없는 한 주 동안 무슨 일이 있었던 거지?"

엄마는 두나와 두기를 번갈아 보며 웃었어요. 두기도 신기했고, 의젓해진 두나를 보자 어리둥절했지요.

"엄마, 오늘은 피곤할 테니까 들어가 주무세요. 내일 두기 이야기를 자세히 해 드릴게요."

두나는 곧 엄마 귀에 대고 소곤거렸어요.

"엄마, 두기는 미래에서 온 로봇이에요."

그 말에 엄마는 깜짝 놀라 큰 소리로 대꾸했어요.

"뭐? 미래에서 왔다고? 호호. 우리 두나가 공상 과학 소설을 많이 읽더니 농담도 멋지게 할 줄 아네?"

엄마도 당연히 두나 말을 못 믿는 눈치였어요. 하지만 진심을 알아 주겠지요. 내일은 꼭 두기에 얽힌 모든 진실을 보여 줄 참이었어요. 두나와 두기는 서로 말없이 바라보며 웃을 뿐이었어요.

갑자기 낮에 고슴도치 할머니가 했던 말이 떠올랐어요.

> 효도는 그리 어려운 게 아니야.
> 오히려 내가 부모한테 할 수 있는 것도 많지.
> 부모는 자식의 작은 말 한마디, 행동에 위로 받고
> 용기를 얻기도 한단다. 왕양명이라는 사람은
> '자식을 길러 본 뒤에야 부모의 마음을 안다.'고 했고,
> 마르티알리스는 '부모님을 공경하는 것이 으뜸 가는
> 자연의 법칙'이라고 했고, 링컨은 '내가 성공을 했다면
> 천사 같은 어머니 덕이다.' 하고 말했지.
> 부모님 사랑을 다 헤아리는 건
> 정말 어려운 일이겠지?

 깊은 밤이 되었어요. 누군가 두나 방문을 똑똑 두드렸어요. 두기였어요.

"두기 무슨 일이야?"

잠결에 깬 듯 눈을 비비며 말했어요.

"이제 가야 할 때가 왔어."

두기 말에 두나는 잠이 화들짝 달아났어요.

"무슨 소리야? 넌 못 가. 그냥 여기 있으면 안 돼?"

두기는 고개를 절레절레 저었어요.

"이제 정말 때가 온 것 같아. 두나 네 덕분에 내 충전소에 파란 불이 들어왔으니, 이제 나는 내 맡은 일을 다한걸? 이제 그런 마음으로 사람들과 함께 어울려 살면 되는 거야. 처음엔 나랑 많이 티격태격했지만 어느새 우리는 제법 잘 통한다는 걸 알게 됐잖아. 사람 일도 마찬가지야. 처음부터 마음을 닫아 버리지 말고, 네가 늘 옳다고도 믿지 말고 이야기해 봐. 두나 너는 밝고 재미있는 성격이라 잘할 수 있을 거야. 기죽지 말고. 알았지?"

두기 말에 두나는 가슴이 벅차 올랐어요. 두기가 처음 왔을 때 정말 말끝마다 싸우곤 했지요. 그때는 두기가 정말 싫었지만, 두기가 이야기할 때마다 뭔가 마음에 새겨지는 것이 있었어요. 그러고 보면 두기의 작전은 성공한 셈이에요. 비록 미래의 두나가 자기 딸한테 보낸 로봇이 과거로 잘못 온 것이기는 하지만 말이에요.

두나는 두기를 보낼 수가 없었어요. 아니, 정말 보내기 싫었어요.

평생 함께 친구로 지내고 싶었지요. 하지만 두기는 두나처럼 또 누군가를 도와주려고 다른 곳으로 가야 할지도 몰라요.

두나는 두기가 자기 마음속에 가득 차 살아 움직인다는 걸 느꼈어요. 두나는 마지막으로 사용 설명서의 한 구절을 생각해 냈어요.

사용 설명서

말 안 듣는 아이를 도와주는 로봇

대화를 할 수 있는 기본 지능이 입력되어 있습니다. 특별한 낱말이나 생각 능력을 입력하고 싶을 때는 *를 누르고 아래와 같은 차례로 작동하면 됩니다. 작동을 잘못해서 프로그램에 없는 일들이 생기면 곧바로 가까운 가게로 연락 주세요.
한꺼번에 여러 가지 일을 시키거나, 눈이나 비 따위를 맞으면 로봇 수명에 안 좋으니 조심하시길 바랍니다.

두나는 마지막으로 *를 누르고 '두나'라고 말했어요.

"두기, 내 이름을 꼭 기억해. 세상에서 처음 만난 친구 이름을 말이야."

두기는 말없이 고개만 끄덕였어요.

그때 창 밖으로 커다란 달이 눈부시게 밝은 빛을 방 안에 비추었어요. 두기는 달빛을 타고 흔적도 없이 사라져 버렸어요.

"두기, 안녕……, 널 못 잊을 거야."

두나 눈에 한 방울 눈물이 뚝 떨어졌어요. 두기는 '두나'라는 낱말을 새롭게 가슴에 담아 둔 채 하늘로 사라졌어요.

"두나야, 고마워……. 넌 세상에서 처음 만난 가장 소중한 친구였어……. 네 덕분에 내가 만들어진 보람이 있었어. 잘 지내. 나도 너를 못 잊을 거야."

12월 24일 토요일

거리에는 크리스마스 노래가 울려 퍼지고, 가게에는 크리스마스나무가 서 있다. 이제 곧 크리스마스다.
크리스마스는 아기 예수님 탄생을 기리는 날이다.
작년에 교회에 가서 외웠던 성경 구절이 생각난다.
'믿음, 소망, 사랑. 이 세 가지는 항상 있을 것인데 그 중에 제일은 사랑이라.' 그런데 도대체 사랑이 뭘까?
세상에서 으뜸인 사랑. 그건 엄마가 나를 아껴 주는 그런 거겠지?
그건 두기가 나와 함께 가 주려고 위험을 무릅쓰고 눈을 맞았던 그런 거겠지?
그 일로 나는 조금씩 마음이 따뜻해졌던 것 같다.
괜히 신경질을 부리던 마음도 조금씩 사라지고, 화를 낼 때보다 웃을 때가 조금 더 많아졌다.
사랑은 틀림없이 좋은 거다.
그리고 정말 대단한 거다.
올해 처음으로 엄마한테 카드까지 썼으니 말이다.

다시 일요일

점심 때가 되어서야 두나는 겨우 일어났어요.

"으응……, 지금 몇 시지?"

두나는 눈을 비비고는 시계를 보았어요. 그러고는 둘레를 두리번거리며 두기를 찾았어요. 두기와 이별이 마치 꿈처럼 느껴졌지요. 문을 열면 두기가 엄마 곁에서 수다를 떨며 있을 것만 같았어요.

"두기!"

두나는 거실로 나가 보았어요. 두기는 온데간데없고 엄마뿐이었어요. 오랜만에 엄마가 콧노래를 부르며 빨래를 하고 있었어요. 빨래를 널면서 엄마가 말했어요.

"우리 잠보는 언제쯤 일찍 일어날까? 그런데 오늘따라 무슨 잠을 그렇게 많이 자? 언뜻 들어보니 잠꼬대도 하던걸? 아주 달콤한 꿈을 꾼 모양이야."

"엄마, 두기는요?"

"두기라고? 그게 누구야? 우리 딸이 아직도 잠에서 못 깨어난 모양이구나?"

그때였어요.

"딩동!"

벨이 울렸어요. 문을 열어 보자 어떤 아저씨가 서 있었어요.

"통닭?"

한 주 전에 두기를 배달했던 그 아저씨였어요. 하지만 아저씨는 통닭만을 전해 주고 그냥 가셨어요. 통닭을 손에 든 두나는 어리둥절했어요.

두나는 먼저 엄마한테 닭다리를 건넸어요.

"어이쿠, 우리 두나가 착해졌네?"

"이게 다 두기 덕분이야."

"두기? 두기가 누군지는 모르지만 고마워해야겠는걸?"

"엄마, 어제 인사했잖아요. 두기랑."

"두나야, 얼른 잠 깨고 통닭 먹어. 자꾸 이상한 말만 하고 있어."

두나는 창 밖으로 하늘을 보았어요. 어젯밤, 두나는 틀림없이 달빛 속으로 사라진 두기를 기억해요. 아직도 마음속에 이렇게 살아 있는걸요.

두나는 두기를 생각하며 씨익 웃었어요.

세상에서 가장 행복해 보이는 웃음이었어요.

쉽게 풀어 쓴
가치 용어

감사
모든 일에서 항상 좋은 점을 찾아내는 마음.
부자가 될 수 있는 가장 빠른 지름길. 이미 많은 것을 가지고 있다는 걸 아는 것.
뛰어노는 걸 당연하게 생각하지만, 건강하게 뛰어노는 것이 소원인 아픈 친구들도 세상에 많다는 걸 깨닫는 것.
지금은 아프지만 곁에 자기를 걱정해 주는 사람이 많다는 걸 고맙게 생각하는 것.

겸손
자기만 잘난 것이 아니라 모두가 똑같이 평등하고 소중한 사람이라는 걸 아는 것.
내가 공부를 잘하면 다른 친구는 나보다 음악을 더 잘한다는 걸 인정하는 것.
세상에 나 혼자서 할 수 있는 건 없다는 걸 깨닫는 것.

대화
자기 마음을 속여 거짓으로 말하지 않는 것.
친구가 이야기를 할 때 딴생각하지 않고 끝까지 즐겁게 들어 주는 것.
'저 아이와 빨리 좋은 친구가 되고 싶다.'는 생각이 들 때 가장 먼저 해야 할 것.

믿음
'나는 커서 꼭 선생님이 될 거야.' 하고만 생각할 뿐, '정말 될 수 있을까?' 하고 의심하지 않는 것.
마음으로 생각하고 간절히 바라면 안 보이는 힘이 나를 돕는다는 걸 아는 것.

배려
다른 사람의 입장이 되어 생각해 보는 것.
내 욕심만 채우려고 하지 않고, 조금만 양보하는 것.
빨리 비켜 달라고 '삐삐' 경적을 울리지 않고, 조금 천천히 자전거를 타고 가는 것.

실패
성공을 하려면 꼭 거쳐야만 하는 것.
'아하, 이렇게 하니 잘 안 되는구나. 다음엔 이렇게 하지 말아야지.' 하고 실수를 줄일 수 있도록 도와주는 것.

슬픔
지금은 나를 힘들게 하지만 언젠가는 끝이 나게 마련인 것.
그 속에 행복이 숨어 있어서 울고 나면 꼭 웃을 일이 생기게 되는 것.
'엄마가 아파서 슬퍼.' 하고 말하는 순간, 평소보다 엄마를 더 많이 걱정하고 사랑하게 되는 것.

예의
사람을 아름답게 만드는 것.
집에 찾아온 집배원 아저씨, 택배 배달 아저씨한테도 공손하게 인사하는 것.
어린 동생이라고 무시하고 힘으로 때리지 않는 것.

용기
'발표해서 틀리면 어떡하지?' 하고 두려워하지 않고, '틀릴 수도 있지만 발표해 보자.' 하고 손을 번쩍 드는 것.
'엄마가 알면 혼날 텐데.' 하며 숨기지 않고, "사실은 제가 그랬어요. 잘못했어요." 하며 자기의 잘못을 인정할 줄 아는 것.

우정
친구가 상을 받으면 질투하지 않고 내 일처럼 기뻐해 주는 것.
친구가 슬픈 일을 겪으면 옆에서 다정하게 위로해 주는 것.
"어? 네 덕분에 나도 어른들을 보면 인사를 잘해." 하고 친구의 좋은 점을 닮아가는 것.

인내
싹이 나고 나무가 자라고 꽃이 피기까지 긴 시간을 기다리는 농부가 마침내 맛있는 열매를 맛보게 되는 것. 건강을 되찾으려고 아픈 주사도 잘 참아 내는 것.

자신감
'난 할 수 없을 거야.' 하며 미리 자신을 함부로 낮게 평가하지 않는 것.
'노력하면 뭐든 해낼 수 있어.' 하고 타고난 능력보다 노력의 힘이 더 세다는 것을 아는 것.
자기 안에 자신도 미처 알지 못한 아주 멋진 능력이 숨어 있다는 걸 믿는 것.

정직
"넌 이것도 몰라?" 하고 친구들이 핀잔을 주더라도 모르는 것은 모른다고 솔직하게 말하는 것.
친구 집에서 놀다 오면서 "학원 다녀왔습니다." 하고 거짓말하지 않는 것.
돈을 주우면 경찰서에 갖고 가서 주인을 찾아 주는 것.

책임
강아지를 사 달라고 졸랐으면 끝까지 예뻐해 주며 키우는 것.
아침마다 아빠 구두를 닦기로 했으면 늦잠 자지 않고 일어나 약속을 지키는 것.
방학 하루 일과표를 짜고 그대로 실천하려고 노력하는 것.

행복
'피아노 대회에 나가서 꼭 일등을 할 거야!' 하고 욕심 내지 않고, 대회에 나가려고 피아노 연습을 하는 것이 그저 즐거운 것.
지금은 공부도 운동도 잘하는 것이 없지만, 미래에는 더 멋진 모습을 하고 있을 거라고 희망을 갖는 것.

효도
부모님도 사람이라 실수도 하고 힘들 때는 짜증도 낼 수 있다는 걸 깨닫는 것.
내가 세상에 태어났을 때 가장 기뻐했던 사람이 부모님이라는 사실을 아는 것.
친구의 부모님이 사 주시는 비싼 음식보다 우리 엄마가 만들어 주는 먹을거리가 으뜸이라며 자랑하는 것.

희망
캄캄한 밤이 되어도 내일 다시 아침 해가 환하게 떠오를 것을 아는 것.
바다 위에 홀로 둥둥 떠 있어도 자기를 구하러 구조선이 꼭 올 거라는 걸 믿는 것.
'지금은 나한테 관심이 없지만 그 친구도 언젠가는 나를 좋아하게 될 거야.' 하고 기분 좋은 상상을 하는 것.

– 가치를 일깨워 준 위인들 –

괴테(Johann Wolfgang von Goethe, 1749~1832) 68쪽

독일의 시인이자 소설가예요. 괴테에게 사랑은 글을 쓰는 힘이 되었어요. 더욱이 젊은 시절 자신이 겪은 고통스런 사랑의 체험을 바탕으로 쓴《젊은 베르테르의 슬픔》은 그의 이름을 세상에 알리는 계기가 되었지요. 그밖에 그가 쓴 희곡《파우스트》는 근대 문학의 걸작으로 알려져 있어요.

도스토예프스키(Fyodor Mikhailovich Dostoevskii, 1821~1881) 54쪽

러시아의 뛰어난 소설가예요. 19세기 러시아 사실주의 문학을 대표하는 사람이지요. 그는 사람의 어둡고 연약한 심리를 잘 드러낸 작품으로 이름났어요. 그의 작품은 훗날 세계의 현대 소설에 많은 영향을 끼쳤답니다. 작품에《가난한 사람들》《죄와 벌》《카라마조프의 형제들》같은 소설이 있어요.

디트리히 본회퍼(Dietrich Bonhoeffer, 1906~1945) 30쪽

독일의 신학자로 2차 세계 대전 때 독재자 히틀러에 반대하는 활동을 하다가 사형당했어요. 하지만 그는 끝까지 자기 믿음대로 실천하는 신앙인이었답니다. 미국에서 신학 공부를 할 때 그는 백인들한테 인종 차별을 받는 흑인의 삶에 큰 충격을 받았어요. 그래서 차별 없는 세상을 만들려고 실천하는 신학자의 모습을 보여 주었답니다. 1951년 출판된《옥중 서간》에는 그의 신념이 잘 담겨 있어요.

라이너 마리아 릴케(Rainer Maria Rilke, 1875~1926) 78쪽

옛 체코 지역인 보헤미아 출신의 독일 시인이에요. 릴케의 시는 언어의 아름다움과 낭만성을 잘 살린 시로 이름났어요. 열아홉 살 때 처음 시집을 낸 뒤로 많은 시집과《젊은 시인에게 보내는 편지》《말테의 수기》같은 아름다운 책을 썼답니다. 릴케는 흔히 장미 가시에 찔려 죽은 시인으로도 알려져 있어요. 릴케는 평생 허약했고, 죽기 얼마 전에는 백혈병에 걸려 면역력이 많이 떨어졌어요. 그래서 가시에 찔린 상처가 낫지 않고 그의 목숨까지 앗아가 버렸답니다.

마르티알리스(Marcus Valerius Martialis, 40?~104?) 109쪽

고대 로마의 시인으로, 남아 있는 작품 열네 권에는 짧지만 사람 마음을 찌르는 날카로운 말(경구 警句)이 담겨 있어요. 그 가운데는 "쇠붙이나 돌로 신성한 얼굴을 만드는 사람이 신(神)을 만드는 것이 아니라, 그것에 기도하는 사람이 신을 만든다."는 격언도 있지요.

몽테뉴(Michel Eyquem de Montaigne, 1533~1592) 68쪽

프랑스의 르네상스 시대를 대표하는 철학자이자 문학자예요. 가장 널리 알려진 책으로 《수상록》이 있어요. 《수상록》은 자기 체험과 읽은 책을 바탕으로 쓴 책으로, 사람은 있는 그대로, 바뀌는 대로 자연에 몸을 맡기는 것이 가장 훌륭한 삶의 지혜라고 말하고 있어요.

발자크(Jean-Louis Guez de Balzac, 1597~1654) 95쪽

17세기 프랑스의 문학자예요. 문학, 사상, 도덕, 정치 같은 여러 분야의 소감을 적은 《서간집》이 널리 알려졌어요. 원리 원칙에 맞는 삶을 사랑하고, 게으른 것을 싫어하는 작가의 마음이 작품에 잘 드러나 있어요.

벤자민 프랭클린(Benjamin Franklin, 1706~1790) 49쪽

우리한테는 '피뢰침'으로 잘 알려진 미국의 정치가이자 과학자예요. 프랭클린은 과학 분야 말고도 교육, 문화 사업에도 관심이 많아 초기 미국 역사에 큰 공헌을 한 인물이랍니다. 그는 독립 선언 기초 위원, 헌법 제정 위원을 지낼 만큼 미국에서는 정치가로 더욱 이름나 있어요.

사디(1209~1291) 78쪽

페르시아(오늘날 이란)의 시인이자 스님이에요. 30년간 여러 나라를 여행하며 온갖 고난을 이겨 내고, 여러 가지 삶의 경험을 쌓았어요. 이슬람 성지인 메카를 열네 번이나 다녀왔어요. 그가 쓴 책 가운데 《과수원》과 《굴리스탄》이 이름나 있어요.

소크라테스(Socrates, BC 470?~BC 399) 23쪽

철학의 기초를 마련한 고대 그리스의 철학자예요. 이전에 철학자들이 자연과 우주를 고민할 때 소크라테스는 사람을 많이 생각했답니다. 그래서 "너 자신을 알라"는 유명한 말도 남겼지요. 더욱이 묻고 답하는 대화법으로 상대방이 스스로 무지함을 깨닫고 철학에 가까이 다가가도록 힘썼어요. 불행하게도 그를 시기하는 자들한테 사형을 당했지만 자기의 신념을 지킨 철학자로도 널리 알려져 있어요.

쇼펜하우어 (Arthur Schopenhauer, 1788~1860) 54쪽

흔히 '염세주의 철학자'로 알려진 독일의 뛰어난 철학자예요. '염세주의'는 한마디로 삶을 어둡고 불행하며 비참한 것으로 생각하는 사상이지요. 그는 체력이 약하고 여러 가지 불안에 시달렸지만, 쇼펜하우어의 글을 읽어 보면 그런 세상의 어두움을 뛰어넘으려는 의지도 엿보인답니다. 이름난 책으로는 《의지와 표상으로서의 세계》가 있어요.

실러 (Schiller, 1759~1805) 105쪽

독일의 시인이자 극작가로 널리 알려져 있어요. 독일에서는 괴테와 함께 고전주의 예술을 꽃피운 예술가로 인정받고 있지요. 실러는 군인으로 활동하다 뒤늦게 희곡을 발표하면서 극작가로 이름났어요. 그 가운데 《오를레앙의 처녀》《빌헬름 텔》은 전 세계에 널리 알려져 있어요. 더욱이 아들 머리 위에 사과를 올려놓고 활을 쏘는 빌헬름 텔 이야기는 그의 이야기 가운데 가장 자주 공연되는 작품이랍니다.

세네카 (Lucius Annaeus Seneca, BC 4?~AD 65) 78쪽

고대 로마제국 에스파냐 코르도바에서 태어난 철학자예요. 황제 네로의 욕심이 지나치다고 느껴 스스로 관직에서 물러났고, 네로가 반란자로 의심하자 스스로 목숨을 끊었어요. 그는 스스로 세속에 물들면서도, 끝내 사람이 사람다운 까닭은 올바른 이성과, 덕(德)을 따라 살려고 하는 것 덕분이라고 하는 스토아주의를 주장했어요. 이름난 작품으로는 관직에서 물러난 뒤 친구인 루킬리우스한테 스토아 철학을 말한 124통의 편지인 《도덕서한》이 있어요.

왕양명 (王陽明, 1472~1528) 109쪽

중국 명나라 중기 때 유학자예요. 양명학파를 만들고, 학교를 설치하여 교육에 힘쓰며 《양명문록》을 쓰고, 양명서원을 세웠어요. 마음은 본디 선과 악이 없지만, 생각(意) 때문에 선악이 생기므로 이미 나타난 선과 악을 깨닫고, 선을 베풀고 악을 버려 본디 마음으로 돌아가야 한다고 가르쳤어요.

에우리피데스 (Euripides, BC 484?~BC 406?) 78쪽

그리스 아테네에서 태어난 시인이에요. 고대 그리스의 3대 비극 시인의 한 사람으로 고대 그리스 연극의 하나인 사티로스 극에 쓰인 《키클로프스》를 비롯한 열아홉 편의 작품이 전하고 있어요. 사람이 느끼는 온갖 감정을 아주 잘 표현했으며, 더욱이 여성의 심리를 표현하는 데 뛰어났다고 해요.

에이브러햄 링컨(Abraham Lincoln, 1809~1865) 109쪽
미국 사람이 가장 존경하는 대통령이었어요. 미국 16대 대통령이 되자, "모든 사람은 자유롭게, 평등하게 태어났으며, 미국 땅 어디든지 그와 같은 자유가 있어야 한다."고 외치며, 노예 해방을 이끌었어요.

임마누엘 칸트(Immanuel Kant, 1724-1804) 54쪽
독일에서 태어난 철학자예요. 기독교를 바탕으로 한 전통 형이상학을 비판하고 인간 중심으로 세계를 돌아봐야 한다는 비판철학으로 잘 알려져 있어요. 칸트가 세운 철학은 오늘날까지도 많은 사람들한테 영향을 끼치고 있어요.

장 지로두(Jean Giraudoux, 1882~1944) 95쪽
프랑스에서 태어난 소설가이자 극작가예요. 30년간 외교관을 지냈어요. 자신이 쓴 소설 《지크프리트》가 연극으로 상연되면서 극작가로 이름을 떨쳤어요. 《트로이 전쟁은 일어나지 않는다》 같은 희곡은 우리나라에서도 여러 차례 무대에 오른 적이 있어요.

조지 메러디드(George Meredith, 1828-1909) 49쪽
영국의 빅토리아 여왕 시대(1832-1901)에 살았던 소설가예요. 자기 자신의 이익만을 꾀하고, 여러 사람의 이익은 생각 안 하는 태도를 꾸짖는 소설을 많이 썼어요. 조지 메러디드의 작품 속에는 우리 삶과 어리석음을 비꼬는 내용이 재미있게 담겨 있어요. 대표 작품에는 《리처드 페버렐의 시련》《이기주의자》 같은 소설이 있어요.

존 러셀(John Russell, 1792~1878) 54쪽
영국의 정치가예요. 식민장관, 외무장관을 지냈고, 국왕을 보좌하는 추밀원 의장과 두 차례 총리를 지냈어요. 자유주의를 내세운 정치가로, 영국 국교(영국 성공회)를 안 믿는 사람은 공직에 못 오르게 하는 심사율(審査律)을 폐지하고, 가톨릭교도를 인정하게 하는 데 힘썼어요.

피터 섀퍼(Peter Shaffer, 1926~) 30쪽
영국에서 태어난 시나리오 작가예요. 그가 쓴 《아마데우스》가 연극보다 영화에서 더 큰 공을 거두어 아카데미 작품상을 수상했어요. 말 여섯 마리의 눈을 찔러 멀게 한 소년 알런 스트랑의 이야기인 《에쿠우스》는 유럽과 미국은 물론 우리나라에서도 크게 인기를 끌었어요.